“一带一路”新阶段
中国海外利益保护

秦　政　田耀斌　著

中央党校出版集团　大有書局

图书在版编目（CIP）数据

“一带一路”新阶段中国海外利益保护/秦政，田耀斌著．—北京：大有书局，2023.12

ISBN 978-7-80772-143-7

Ⅰ.①一…　Ⅱ.①秦…②田…　Ⅲ.①国家利益－保护－研究－中国　Ⅳ.①D6

中国国家版本馆CIP数据核字（2023）第172923号

书　　名　“一带一路”新阶段中国海外利益保护
作　　者　秦　政　田耀斌　著

责任编辑　孟宪爽　西　茜
责任校对　李盛博
责任印制　袁浩宇
出版发行　大有书局
（北京市海淀区长春桥路6号　100089）
综 合 办　（010）68929273
发 行 部　（010）68922366
经　　销　新华书店
印　　刷　北京盛通印刷股份有限公司
版　　次　2023年12月北京第1版
印　　次　2023年12月北京第1次印刷
开　　本　710毫米×1000毫米　1/16
印　　张　13.5
字　　数　190千字
定　　价　59.00元

本书如有印装问题，可联系调换，联系电话：（010）68928947

前　言

2023年10月18日上午，习近平主席出席了第三届“一带一路”国际合作高峰论坛开幕式，并发表题为《建设开放包容、互联互通、共同发展的世界》的主旨演讲。演讲指出：“共建‘一带一路’坚持共商共建共享，跨越不同文明、文化、社会制度、发展阶段差异，开辟了各国交往的新路径，搭建起国际合作的新框架，汇集着人类共同发展的最大公约数。”“中方愿同各方深化‘一带一路’合作伙伴关系，推动共建‘一带一路’进入高质量发展的新阶段，为实现世界各国的现代化作出不懈努力。”

“一带一路”倡议提出10年，取得了弥足珍贵的成绩，有很多宝贵的经验值得总结。人类是相互依存的命运共同体，世界好，中国才会好；中国好，世界会更好。通过共建“一带一路”，中国对外开放的大门越开越大，中国市场同世界市场的联系更加紧密。无论是中国对外投资，还是外国对华投资，都彰显了友谊和合作，体现着信心和希望。

只有开放和合作共赢才能办成事、办好事、办大事。同时，越开放就越要重视安全，越要增强风险防控能力和开放监管能力；在合作的基础上实现共赢，更需要双方在交往过程中尊重彼此的利益。在“一带一路”倡议的背景下，海外利益保护的重要性日益凸显。

海外利益是政府、企业、社会组织及公民等行为主体通过国际交往活动而产生于该国主权边界之外的正当合法国家利益。“一带一路”新阶段，亟需继续构建体系完备、反应快速、运行有效的海外利益保护和风险预警防范体系，更加全面、有效地维护国家主权、安全和发展利益。

从现有情况看，我国已初步建立了海外利益保护体系，但快速增长的海外利益保护需求与现有体系及保护能力之间仍存在差距。临渴掘井不是出路，只有积极参与构建一个科学合理的新时代中国，全域全向多元立体的海外利益保护体系，才能共商共建共享高质量高水准“一带一路”新征程，共筑“人类命运共同体”的全球文明的共同理想价值共识。

中国海外利益保护体系经历了从无到有、从单薄到丰盈的发展历程，并在逐步发展中臻于完善。本书包括五个章节：第一章，“一带一路”倡议概述；第二章，海外利益与海外利益保护；第三章，“一带一路”新阶段海外利益保护体系模型；第四章，“一带一路”新阶段中国海外利益保护体系构建和运营；第五章，中国海外利益保护案例。本书旨在为建立全域全向多元立体的海外利益保护体系提供一些借鉴和思路，是对建设中国海外利益保护体系的探讨，也希望为世界各国海外利益保护能力的提升带来启发。

序　一

《“一带一路”新阶段中国海外利益保护》是对海外利益问题探讨和研究的力作，分享了中国海外利益保护体系建设的最新研究成果。正如作者指出的，随着中国“一带一路”倡议的不断推进，中国企业在海外的投资和经营活动越来越频繁，面临的风险和挑战也日益增多。如何有效地保护中国企业的海外利益，是一个迫切需要解决的问题。

该书的作者是海外投资和经营领域的专家，在实践中积累了丰富的经验，创造性地构建出全域全向多元立体海外利益保护模型，并根据这一模型有针对性地提出了一系列有益的建议和措施。该书深入研究了海外利益保护的制度建设和运作机制，为读者提供了全方位的视角和实用的方法论。这些建议和措施涉及政治、经济、文化、技术、法律等诸多领域，理论性、专业性、实操性和战略性都很强。

在书中，作者还以实际案例为依据，深入解析了海外投资和经营中面临的各种挑战和风险，并针对具体问题提出了切实可行的应对措施，既有策略性的思考，也有实践性的操作指引。这些实际案例的探讨，可以给读者提供启示和借鉴。

该书的研究成果不仅对中国企业在海外的投资和经营活动具有重要的指导意义，也对推进“一带一路”倡议的顺利实施具有重要的参考价值。相信该书的出版将为广大读者提供有益的启示和帮助，为有关部门开展海外利益保护工作提供参考，为中国企业和个人在海外的投资和经营活动提供借鉴。

综上所述，我愿意把这本书推荐给大家，也祝愿中国企业与个人在海外投资和经营中取得更加辉煌的成就，祝愿中国海外利益保护工作越做越好。

中国政法大学副校长

时建中

序　二

《“一带一路”新阶段中国海外利益保护》创新地提出了全域全向多元立体海外利益体系模型，对中国海外利益保护工作具有极其重要的指导意义。

该书的创新之处在于提出了全域全向多元立体海外利益体系模型。这一模型为中国海外利益保护工作提供了一个全面和多角度的指导框架。通过这个模型，读者能够更好地理解和应用海外利益保护的核心要素，如全域、全向、多元和立体。在这个模型的指导下，中国可以更加全面地考虑海外利益的保护，从而有效地应对各种海外挑战，确保中国在海外的利益得到保护和维护。

该书通过图文并茂的方式进行系统论述和案例分析。作者通过详细的分析，从不同的角度和层面阐述了海外利益保护工作的重要性和方法论。这些案例分析既有成功的经验，也有失败的教训，这样的论述方式，不仅使该书内容更加生动有趣，也使读者更容易将理论知识应用到实际的工作中。

该书对中国海外利益保护工作具有非常重要的指导意义。随着中国经济和政治在全球的影响力不断增强，中国在海外面临的利益保护挑战也日益增加，该书将为政府和相关机构提供重要的参考和指导。无论是在制定战略规划，还是在具体执行海外利益保护工作的过程中，该书都能帮助他们更好地应对挑战，确保中国在海外的利益得到最大限度的保护和维护。

同时，该书还具有很强的现实意义。随着中国走向世界舞台，中国企业和民众在海外的形象与利益都受到了越来越多的关注和挑战。有效地保护和维护海外利益，不仅对中国自身的利益很重要，也是维护国际形象和声誉的重要举措。通过该书的指导，中国在海外的利益能够得到更好的保护，促进中国形象的树立。

最后，我相信该书的出版将产生很大的社会效益。对于政府、决策者、学界和研究人员来说，它将提供一个理论和实证研究的基础，并促进对中国海外利益保护工作的深入探讨和理解。对于广大读者来说，该书将帮助他们更好地了解和应用海外利益保护的核心要素和方法。阅读该书有助于我们更好地应对海外利益保护的挑战，为中国的发展和繁荣做出更大的贡献。

南京大学国际关系学院执行院长
南海协同创新研究中心执行主任
朱　峰

目 录

第四章　“一带一路”新阶段中国海外利益保护体系构建和运营

第五章　中国海外利益保护案例

第一章

“一带一路”倡议概述

第一节 “一带一路”倡议背景与意义

一、“一带一路”倡议的背景

2013 年 9 月和 10 月，中国国家主席习近平在哈萨克斯坦和印度尼西亚分别提出“丝绸之路经济带”和 21 世纪“海上丝绸之路”倡议，简称“一带一路”倡议，并写入了党的十八届三中全会决定。

“一带一路”倡议不是一个实体和机制，而是一个合作发展的理念和倡议，蕴含着深厚的中国古代丝绸之路和平友好、包容开放、互利共赢、互鉴互助的精神和文化底蕴，又注入了中国要进一步开放，与其他国家和地区实现共赢，建立和谐世界的新时代内涵和时代价值。

“一带一路”倡议的提出，是对现有国际区域合作的一种升级，重点在加强“五通”，即政策沟通、设施联通、贸易畅通、资金融通、民心相通，以推进区域间的经济合作和交流，助力构建开放型世界经济。

倡议的提出背景有以下几个方面。

（1）全球贸易和经济发展不平衡。当前，全球贸易和经济发展呈现不平衡状态，部分地区经济增长相对缓慢，贫富差距扩大，区域间经济发展差距明显。中国提出“一带一路”倡议，旨在利用自身的优势，扩大对外开放，促进区域经济发展平衡。

（2）地区经济合作需要加速推进。在经济全球化加速的背景下，地区互动联系日渐紧密，各种区域合作机制也逐渐出现。但大多数只以自由贸易区或经济合作区的方式合作，很多情况下存在问题。特别是，近年来国际上出现了逆全球化现象。中国提出“一带一路”倡议，希望以合作共赢的方式，协助各国间的经济合作更加紧密，实现经济互利共赢。

（3）国内经济转型需要发展机遇。中国改革开放取得巨大成绩，同时也存在各种问题，如产能过剩、某些资源对国外依存度高等。中国经济需要不断向高质量发展阶段转型时，为了在国内实现价值链升级和转移，更需要依赖不断加强的对外合作。“一带一路”倡议可以为中国赢得更加广阔的发展空间，为中国实现高质量发展目标提供发展机遇。

二、“一带一路”倡议的意义

“一带一路”的目标是建立一个政治互信、经济融合、文化包容的利益共同体、命运共同体和责任共同体。它的提出对沿线国家及中国的发展，具有极其深远的影响和现实意义。

（1）推进全球化和自由化的趋势。“一带一路”倡议提出时，虽然出现逆全球化现象，但全球化和自由化的趋势还是主流，各国之间的经济联系也更加紧密。“一带一路”倡议旨在促进区域间的经济合作，配合全球化的趋势，构建一个集开放、合作、共赢为一体的经济平台，从而推动全球经济高质量发展。

（2）促进区域和国家联合应对经济和安全问题。经济和安全问题是现代国家和地区发展的两大引擎和保障，互相促进，协同作用更加明显。倡议的实施将落实和加强区域之间的合作，搭建平台，共建双赢，加强各个国家间安全策略和经济策略的交流，共同应对经济和安全困境。

（3）推动技术发展和资源整合。随着全球经济一体化加速、经济发展快速成熟、资源短缺、技术快速发展等情况，国家和地域之间开展相互合作、互通有无成了迫切的需要。“一带一路”倡议可以给每个国家带来技术发展和资源整合的机会，从而促进地区间的交流和合作，实现互利共赢。

（4）促进文化交流和互信。在全球一体化和经济快速发展的过程中，文化互通成为趋势，在世界发展潮流中占有重要地位。在“一带一路”倡议中，文化交流的重要性得到提升，各国间以文化互鉴为基础，增进文化交流和互信，提升区域内的人文关系，实现共同繁荣。

三、“一带一路”共商共建共享成为最强音

“一带一路”倡议由中国提出，但属于世界，为全球经济发展提供了一个解决方案。它需要全球各国同心协力共同应对，并携手共建。倡议的实施，需要多方面的全球合作，需要加强各国之间的协调和默契，实现利益与责任的平衡。

共商：“一带一路”倡议是一个全球性计划，需要各个国家共同商议制定政策和规划，从而实现互利共赢。各国政府可以展开多层次、深入的沟通，紧密配合，为实施“一带一路”倡议制订出更加精确、有针对性的政策和计划。

共建：实施“一带一路”倡议需要各参与主体协同努力，才能形成综合的联动效应。各国政府和企业可以通过双边或多边协议进行合作，共同推项目的实施，除政府间的合作，还应鼓励企业、金融机构、社会组织、公民等各个主要参与者参与到共建中。

共享：实施“一带一路”倡议能够带来共享发展的机遇，这是最具示范的优势所在。“一带一路”倡议的实施，为各个国家和地区带来了更丰富和广泛的机会，为经济文化互通提供了更多的契机。

总之，“一带一路”倡议不仅是中国的一种发展思路和战略，更是全球化和经济发展的途径之一。它关乎全球分工、合作、共同发展，成为 21 世纪全球社会的一种新的合作方式，将推动构建相互尊重、公平正义、合作共赢的新型国际关系。

第二节 “一带一路”第一个五年

跨越千年的“丝绸之路”终于有了新的面貌，2013 年，中国国家主席习近平提出“一带一路”倡议，旨在加强与世界各国的合作，推动经济合作和共同繁荣；旨在将中国的经济发展战略与更广泛的全球发展计划相结合。从 2013 年到 2017 年，经过 5 年的推进，“一带一路”倡议得到了亚洲、欧洲、非洲的数十个国家响应，取得了巨大成就，积累了很多经验，为下一步发展打下了坚实的基础。

同时，这五年的发展也存在很多不足。在这五年内，“一带一路”主要由政府主导，以传统基建为主，虽然在建设过程中有逐渐加强公共性、市场性的趋势，但大多数项目仍然是政府投资和建设的，这使项目的效率和灵活性受到限制。参与项目建设的单位范围较为狭窄，大多以央企为主。这一时期央企在“一带一路”倡议建设中拥有较大的话语权。央企在工程质量和效率方面具有一定的优势，但更多的民间资源和参与者未被充分利用。同时，项目资金来源单一，以国家贷款为主。尽管“一带一路”倡议已经得到了很多国际组织、金融机构和国际投资者的关注与支持，但资金仍主要来自财政、开发性机构和国有银行等渠道，来源单一。

此外，“一带一路”项目以传统基建、物流和能源为核心，生活品质、社会服务等方面的项目却较少，与普通民众日常生活关系不大，这使一些民间组织和民众对其存在一定的疑虑和争议。

在这样的情况下，如何让“一带一路”倡议更好地发展呢？首先，需要深化体制改革，降低政府参与度，打造更具可持续性和市场竞争力的全球合作平台。其次，需要扩大参与面，鼓励更多的公众和民间机构对“一带一路”倡议作出贡献。

第三节 “一带一路”第二个五年

随着全球化的不断发展，“一带一路”倡议成为国际公认的公共产品和促进国际合作的重要举措。在“一带一路”的历史进程中，第二个五年从 2018 年到 2022 年更加包容、更加开放、更加多元化。在倡议的实施过程中，计划与市场相结合、参与单位多元化、资金来源多元立体、“数字丝路”提上日程、百姓生活相关项目增多、国际社会影响增大等，是“一带一路”第二个五年的发展特点。

（一）计划与市场相结合

在“一带一路”建设中，政府与市场的关系是密不可分的。在第二个五年，破除以往政府主导的模式，更加注重市场的需求和实际效益，推进投资和项目合作的多元化和商业化，实现计划和市场的有机结合。“一带一路”建设需注重根据市场需求和捕捉机遇。政府的决策和规划深入市场，依据市场需求和环境变动不断调整和优化。同时，企业也要在参与“一带一路”建设中，积极把握市场机会，调整布局和战略。

（二）参与单位多元化

在第一个五年，参与“一带一路”建设的单位主要是国有企业。随着建设推进，中国的民营企业和跨国公司也开始加入其中。而在第二个五年，参与单位的多元化进一步加强。随着市场化的导入，参与建设单位的多样化已是必然趋势。另外，在“一带一路”建设的过程中，也需要结合不同国家的需求和实际情况，寻找多元化的参与单位，实现利益多元化并分散风险。

（三）资金来源多元立体

资金是支撑“一带一路”建设的重要保障，资金多元化和可持续性，是其发展的关键。除传统的政府资金和银行贷款，市场化的融资方式，如债券融资、股权融资、公募基金等逐渐成为其资金来源的新选择。这些市场化手段为“一带一路”建设提供了更加稳健、灵活的资金拓展方式，方便参与市场的资本实现多样化及风险抵消。

（四）“数字丝路”提上日程

“数字丝路”计划是“一带一路”建设中的一个新亮点，旨在推动数字技术交流和合作，提升数字产业发展水平。在第二个五年，“数字丝路”计划得到更多的关注和发展。数字化和信息化应用贯穿“一带一路”的各个领域，成为推动区域网络、电子商务、智慧城市、科技创新、数字金融等方面实现互联互通的重要手段。此外，数字化和信息化对建设可持续智慧城市也有很大的推动作用。

（五）百姓生活相关项目增多

“一带一路”建设不仅关乎国与国之间的经济合作，更关乎人民的生活改善。在第二个五年，百姓相关项目的增加是“一带一路”建设的重要方向。百姓关心的健康、教育、文化、环保、社区设施等诸多项目都得到关注。“农产加工和能源深加工”和“中小企业发展和跨境电商平台”的重要推进为民间投资和就业创造更多机会，进而推动区域和国别发展的均衡。

（六）国际社会影响增大

随着“一带一路”建设的推进，中国在国际上的影响力得到提升，同时也推动了国际社会的经济发展。

“一带一路”建设旨在构建一个覆盖沿线国家和地区的网络，带动商贸、物流、投资、文化等领域的深度合作，进而促进社会的交流与沟通，推动区域的互相交融和国际合作的深入发展。这也为中国和世界的共赢发展创造了机遇。

（七）参与国家增加

第二届“一带一路”国际合作高峰论坛吸引了150多个国家和国际组织参与，此后，更多的国家和国际组织将加入“一带一路”建设的大家庭中，参与建设和分享果实。对参与国家来说，“一带一路”建设不仅使其拥有更多的合作伙伴，还将为其提供更多的经济发展和国际合作的机会。

在第三届“一带一路”国际合作高峰论坛前，中国已同150多个国家和30多个国际组织签署共建“一带一路”合作文件，成立了20多个专业领域多边合作平台。在第二个五年，“一带一路”建设实现了更广泛、更加深入的合作和发展，成为带动地区和世界经济、人文和政治发展的重要力量。

第四节 “一带一路”新阶段

2023年，随着“一带一路”进入高质量发展的新阶段。数字丝绸之路和绿色丝绸之路将成为重头戏，数字化、绿色发展成为主旋律。在第三届“一带一路”国际合作高峰论坛举行开幕式上，习近平主席宣布了中国支持高质量共建“一带一路”的八项行动。这八项行动包括：构建“一带一路”立体互联互通网络、支持建设开放型世界经济、开展务实合作、促进绿色发展、推动科技创新、支持民间交往、建设廉洁之路、完善“一带一路”国际合作机制。从中可以看出数字化和绿色发展的重要性。

数字丝绸之路是数字化时代的必然选择。随着信息技术的飞速发展和全球数字化浪潮的兴起，数字丝绸之路正在成为新的增长点。数字丝绸之路的建设将加快数字技术的交流与合作，推进数字中国建设，培育数字经济新动能。数字技术不仅可以促进各国之间的信息互通与资源共享，也可以在国际舞台上推动知识产权保护、数据安全及信息安全等相关事宜的进一步合作。

绿色丝绸之路则是可持续发展时代的新要求。绿色丝绸之路的建设将把绿色、低碳、环保的理念融入“一带一路”建设中，致力于保护环境、节约资源、生态建设和环境治理。同时，绿色丝绸之路将加强相关国家间的环保、气候变化合作，共同推进全球可持续发展进程。“一带一路”的绿色丝绸之路建设将为各国能源转型、环境保护、可持续发展等领域的合作提供良好契机。

在数字丝绸之路和绿色丝绸之路的引领下，投资与建设并行将成为新常态。与过去几年一直以基础设施建设和大项目投资为重点不同，在新的阶段，投资和建设将更多地关注高附加值及未来性领域的细分市场和产业链，以及基于数字化和绿色化的新型经济战略、新型业态和新型市场。投资和建设将逐渐转向数字经济、生态环保、清洁能源、跨境电商、文化旅游等前沿领域，推动“一带一路”的升级和升值。

参与建设的单位将是国际化的，即国际社会共同参与，国际资本共同融资、投资，这将是“一带一路”新阶段的主要特点。这也进一步证明了“一带一路”建设的开放性、包容性、合作性。各国之间通过共建和共享的方式，确立共同发展理念，实现互惠共赢。人类命运共同体的倡议也将在这个过程中得到更好的体现和贯彻。

在5G、人工智能、云计算、大数据等数字技术方面的积极探索和应用，将推动数字丝路建设的快速发展。随着数字丝绸之路的逐步发展，人类社会将逐渐进入一个新的文明：价值文明。价值文明不仅体现在经济、政治、文化等各个领域中，还体现在推动构建人类命运共同体的伟大价值上。价值文明在实现数字丝绸之路时显得尤为重要，将助推“一带一路”建设取得更大的发展成果。

“一带一路”已经走过了两个五年，并将步入新阶段。在这个新阶段，“一带一路”将借助数字技术和绿色经济，推动全球创新和可持续发展。

在数字时代，“一带一路”将致力于建设数字丝路，推进数字技术交流和合作，提升数字经济发展水平。同时，“一带一路”还将探索数字贸易和数字经济合作，创造更加便利和高效的数字商业环境。

在绿色时代，“一带一路”将强调可持续发展，推进绿色低碳建设，改善沿线国家的生态环境，并提升资源利用效率，以实现经济、社会、环境的可持续协调发展。同时，“一带一路”也将继续推动绿色金融和环保合作，投资绿色能源、清洁技术等领域，为全球可持续发展作出贡献。

在数字与绿色的新时代，“一带一路”将为全球经济增长和可持续发展注入新的动力，促进沿线各国的经济互联互通和文化交流，让各国人民共同分享和平、稳定和繁荣的发展成果。

第二章

海外利益与海外利益保护

第一节　海外利益与中国海外利益

一、海外利益的界定

海外利益是在境外的国家利益，指的是一国政府、企业、社会组织、公民通过全球联系产生的、在国家主权管辖范围以外存在的国家利益中，其本质是国家利益在海外的延伸。

二、海外利益与国家利益的关系

国家利益与海外利益密不可分，因此，在对海外利益进行研究时，国家利益常常是一个重要的逻辑起点。

以美国为例，其对海外利益的理解始终包含在国家利益之中。美国在全球范围内保护其国家利益，并通过各种手段来维护其在海外的政治、经济、军事和文化影响力。这反映了主权国家思维的特征，也是国际关系中长期存在的一个现象。

中国也不例外。在进行国际合作及发展与其他国家的关系时，我们需要考虑和保护自身的国家利益和海外利益，这涉及对自身实力、对外政策及海外利益的全面把握和分析，同时也需要培养相关的海外利益保护意识和能力。

海外利益与国家利益之间存在密切的关系。国家利益是一个国家生存和发展的根本目标，包括政治、经济、军事、科技、安全和文化等多个领域。而海外利益指的是一个国家在海外的利益，包括经济利益、安全利益、文化利益、科技利益、人身安全等。海外利益通常也是国家利益的一部分，是保障国家利益和促进国家发展的重要组成部分。

海外利益和国家利益在国际关系中具有重要意义，它们之间存在相互依存、相互影响、相互支持的复杂关系。

（一）海外利益与国家利益的内在联系

海外利益和国家利益之间是相互关联的。一方面，海外利益是国家利益的组成部分之一。相对于国内经济、安全、文化等领域，海外利益是一种外在的、跨国的利益，涉及海外经贸、投资、文化、安全等问题。例如，在“一带一路”倡议中，中国提倡共建互利合作的“朋友圈”，探索新的多边贸易体制，强化“互联互通”的基础设施合作，进一步拓展优势产业、服务业、人文交流等领域。这一过程不仅为中国企业和民间组织提供了更多的投资和发展机会，也有助于中国外交在斡旋、对话和协调上拥有更多的话语权。另一方面，国家利益也往往为海外利益服务。这体现在国家保护国民在海外的权益，保护本国企业在国际市场中的利益，维护国家在地缘政治、战略安全、国际金融市场中的影响力等各个方面。

（二）海外利益对国家利益的重要性

海外利益对一个国家的发展、安全、稳定等各方面都具有重要意义。首先，海外利益是国家对外开放的重要体现。全球化发展，推动了各国之间的合作和交流，各国之间的联系越来越紧密，经济、文化、科技等领域之间的互动也日益加强。通过开展对外经贸活动、投资、援助、合作等行为，国家可以更好地整合全球生产力和资源，提升国际话语权和地位。其次，海外利益是维护国家安全的重要保障。随着世界各地的各种威胁和风险的增加，海外利益保护将成为国际安全之中的重要问题。扩大国际合作、遏制恐怖主义、打击海盗活动等措施都是保障海外利益的重要手段。最后，在涉及领土、领海、主权等方面，国家必须坚决捍卫自身的核心利益。

（三）海外利益保护对国家利益的意义

海外利益保护是国家对外开放和经济发展的重要保障，具有重要的促进作用。首先，海外利益保护促进了国内经济的发展，拓展了国际经贸活动和投资，扩大了市场，增加了收入，保护了本国企业在国际市场上的利益，有效地维护了本国企业的投资、贸易等各方面的权益。其次，海外利益与国家利益之间也存在相互促进和支持的关系。通过为其他国家提供经济援助、技术支持、文化交流等方式，可以拓展本国的国际影响力，为国家利益的实现提供助力。同时，保护海外利益也有助于国际经济秩序的稳定和协调。

总之，海外利益和国家利益之间是相互依赖、有机联系的。在国际交往中，海外利益与国家利益之间是否良好协调，不仅影响国家的发展与安全，也关乎国际社会的和平与繁荣。因此，建立全方位的海外利益保护机制，提高海外风险意识和危机处理能力成为国际社会的共同责任。

三、中国海外利益的形成、发展和新内涵

（一）中国海外利益的形成与发展

中国对海外利益的认识历史悠久。在不同历史时期中，海外利益对国家和人民来说，其含义也在发生着不同的变化。

回顾过往，到目前为止中国海外利益的形成与发展大致可以分为五个阶段。

第一阶段是 1840 年鸦片战争前的封建时期。历代王朝构建的朝贡体系在明清两代达到鼎盛，海外利益强调的是中国的政治统治。在这一时期中，中华民族对周边国家具有一定的影响力。

第二阶段是 1840 ~ 1949 年，从清末到国民政府的近代时期。中国处于半殖民地半封建社会时期，遭受列强侵略和不平等条约，海外利益受到了严重的削弱，几乎可以说是没有海外利益。在这一时期，国家的主要任务是巩固主权和民族独立，并获得国际社会的认可和支持。

第三阶段是 1949 ~ 1978 年，中国海外利益形成阶段。从新中国成立后至 1978 年改革开放前。属于社会主义建设时期，其首要任务是巩固主权和民族独立，获得国际社会认可，建立外交关系，拓展对外的经

济、文化和政治影响力等基本的国际政治利益。这一阶段的海外利益主要包括国际政治利益和国际形象利益。

第四阶段是 1978～2012 年，中国海外利益发展阶段。1978 年中国开启了改革开放进程，国家战略重心转变为经济建设，中国逐渐成为世界上最大的经济体之一。这使中国有了体量巨大的经济积累，“走出去”已经势在必行。中国开始走到国际舞台前沿。到 20 世纪末，中国与世界上几乎所有的主权国家建立了外交关系。这一时期的海外利益主要表现为经济利益，包括对外投资、自由贸易和国际合作等形式。2000 年之后，中国的海外利益进入加速增长期，外汇储备、对外贸易、对外投资均呈指数级增长。

第五阶段是 2013 年之后，海外利益加速增长阶段。随着 2013 年习近平主席提出“一带一路”倡议，中国与全球经济发展越来越密切。到 2015 年，中国对外非金融类直接投资创下 1180.2 亿美元的历史最高值，对外直接投资存量首次超过万亿美元大关，对外承包工程业务新签合同额达到 2100.7 亿美元，在外各类劳务人员突破百万人大关。

2022 年 11 月 8 日，商务部、国家统计局和国家外汇管理局联合发布《2021 年度中国对外直接投资统计公报》，公报显示，2021 年，中国对外直接投资流量 1788.2 亿美元，比上年增长 16.3%，2021 年末，中国对外直接投资存量 2.79 万亿美元，连续 5 年排名全球前 3。地方企业对外非金融类投资 877.3 亿美元，占 57.7%。

目前，中国有 4 万多家企业，分散在海外 180 多个国家。中国通过资本输出、劳动力和商品输出的方式来实现国家利益的全球化。在经济扩张的同时，中央政府派出海外机构增加，沿海省份的国际化程度也在不断提升。通过全球联系产生的税费收入成为越来越多地方政府财政收入的重要来源，地方政府积极扩大内外投资和贸易，支持招商、投资、友好城市交流，鼓励企业走出去等，这些活动都大大拓展了中国的海外利益。

随着“一带一路”倡议的提出，在中国沿边省份和自治区开始融入次区域一体化的进程中，与邻国之间开展次区域经济合作，成为国际区域地缘经济中的一种重要合作形态。随着中国继续主动地融入世界体系，中国所拥有的海外国家利益总量将继续增加，形式也更为丰富。

在封建时期，中国的海外利益主要表现为周边国家向中国进贡，强调的是中国的政治统治。在这一时期，中华民族对周边国家具有一定程度的影响力和地位。

而在近代，中国遭受列强侵略，签订了一系列不平等条约，海外利益受到了严重的影响，几乎可以说是没有海外利益。在这一时期，国家的主要任务是巩固主权和民族独立，并获得国际社会的认可和支持。

新中国成立后，中国强调巩固主权和民族独立，同时也开始在国际舞台上发挥积极的作用，拓展对外的经济、文化和政治影响力。这一时期的海外利益主要包括国际政治利益和国际形象利益。

进入改革开放时期，中国开始注重发展经济，并逐渐成为世界上最大的经济体之一。这一时期的海外利益主要表现为经济利益，包括对外投资、自由贸易和国际合作等形式。

（二）中国海外利益的新内涵

在当今的世界格局中，中国需要继续注重保护和拓展自身的海外利益，实现国家利益和人民利益的多重保障与整合。在当前全球化背景下，经济、文化、政治等领域的全球交流和互动日益频繁，海外利益保护已经成为各国极其重视的重大问题之一。中国作为全球第二大经济体，其海外利益的新内涵受到全球关注。

新内涵之一：维护国家利益

海外利益与国家利益之间存在密不可分的联系。在国际背景下，中国积极参与国际合作，并致力于在全球事务中发挥更大的作用，与此同时，中国在海外的利益也随之增长。因此，海外利益保护成为中国国家发展中一个不可或缺的部分。维护海外利益需要确保利益保护与国家发展目标的相互支持和促进。例如，中国的“一带一路”倡议旨在加强与沿线国家的合作，推动亚欧大陆互联互通，这是中国海外利益保护与国家利益的高度统一。

新内涵之二：多元化海外利益的保护

海外利益涉及政治、经济、文化、科技、人身安全等多个领域，需要建立一个多元化的保护机制。具体而言，中国可以采取多种方式和手段，如经济合作、政治外交、文化交流等。涉及海外利益保护的领域较为广泛，海外中国公民、涉外企业和非政府组织等各种利益主体也需要得到全面的关注和保护。例如，海外中国公民遇到突发事件，需要得到及时的援助与救助，这既维护了海外公民的利益，还有利于增强国际社会对中国的信任和支持，推动全球治理的落实。

新内涵之三：提高涉外主体保护能力

涉外主体在海外活动中面临各种风险和挑战，需要提高自身的保护能力。因此，涉外主体对海外利益保护的重要性认识和行为规范至关重要。中国需要建立完善的涉外主体风险管理机制，从政治、经济、法律等多个方面进行全面规划和预防。例如，加强领事保护和协助机制建设、制定保护海外知识产权的相关法律法规，都是提高涉外主体保护能力的有效途径。

总之，中国海外利益保护的新内涵涵盖了国家利益导向、多元化利益保护和涉外主体保护能力提升三个方面。在国家利益与海外利益之间的协调与平衡中，海外利益保护是对国家利益的维护和支持。同时，建立全方位、全域、多元化的海外利益保护机制将为中国实现“强富美高”的目标注入新的活力和动力。

四、中国海外利益的构成

随着中国的崛起和全球化的进程，中国海外利益日益复杂和广泛。海外利益对于中国来说至关重要，因此需要采取措施维护其安全和稳定，保障全球和平与繁荣。中国海外利益的构成包括以下多个方面。

（一）海外受国际公约保护的中国外交官和驻外机构

这包括中国在海外的使领馆、驻外机构、大使馆等机构的财产。作为一个具有国际影响力的国家，中国在全球范围内拥有多家驻外机构和诸多外交官，保护其安全和权益是十分重要的。

（二）海外中国公民人身和财产安全

随着中国经济的快速发展和全球化的不断推进，越来越多的中国人在海外工作、生活或投资。在海外，中国公民的人身和财产安全往往面临诸多威胁和挑战，如犯罪袭击、恐怖主义活动、自然灾害等。这些威胁和挑战可能会对他们的生命安全和财产安全造成重大影响，严重损害他们的利益和权益。因此，维护海外中国公民的人身和财产安全，保障他们的权益和福利，是中国一项重要的外交任务和应尽的国际义务。

（1）海外中国公民的人身安全。绑架、劫持和暴力袭击是中国公民在海外经常遭遇的人身安全事件。这类事件多数发生在战乱地区、高风险国家或流动人口密集地区。一旦遭遇上述安全事件，海外中国公民将有可能遭受财产和人身的双重损失。为了保障海外中国公民的人身安全，中国政府采取多种措施，包括领事保护、海外警务援助、反恐打击等。

（2）疫情和自然灾害。疫情和自然灾害不但会对当地社会和经济造成重大影响，同时也会严重威胁到当地中国公民的人身安全。在这种情况下，中国政府需要及时向海外中国公民发布相关的紧急信息，加强与当地政府和机构的沟通和协调，协助海外中国公民转移、避险和应对突发情况。对一些特殊的疫情，如非洲猪瘟、禽流感等，中国政府需要采取有力措施防止本土化和入侵性，加强海外宣传和科普，提高公众的健康素养水平。

（3）海外中国公民财产安全。在海外，很多中国公民在当地进行投资，他们的财产面临着各种风险和威胁。其中，盗抢和诈骗是较为常见的财产安全事件。受害者可能会遭受重大的经济损失，同时，这种现象也会对当地社会和经济秩序造成一定影响。中国政府应当加强对海外中国公民的预警和警示，提高公众的风险意识和防范能力，帮助受害者有效维权。

(4) 法律纠纷和涉外投资。中国公民在海外进行的涉外投资和商业活动也面临种种风险和挑战，如合同纠纷、知识产权争端等。在这种情况下，中国政府应当加强专业化的法律援助，推进海外法律服务机构的建设和发展。同时，对一些重大的投资项目，需要加强前期调研和风险评估，避免海外中国公民陷入巨大的投资风险。

（三）中国拥有的外国政府国债

中国是全球第一大外汇储备国，拥有大量的外国政府国债。对中国来说，保障这些投资的安全是至关重要的。外国政府国债是指一个国家政府作为债务人向其他国家或国民借款所发行的债券。借款方一般是其他国家政府、国际金融机构或私人投资者。作为世界第二大经济体和外汇储备最多的国家，中国有着广泛的外国政府国债权益，这些权益对中国的国际金融和外交政策具有重要意义。

持有外国政府国债是一种主权国家之间经济合作和政策沟通的方式。作为国际金融体系的参与者和贡献者，中国持有外国政府国债不仅可以获取固定收益，还可以借此影响债务国的政策和决策。例如，在涉及债务国的重要政治或经济事件中，中国可以通过投票权利对债务国政策作出反应。

持有外国政府国债也会对中国的国际金融政策产生一定影响。随着中国经济和外交影响力的日益增强，其与世界其他主要国家的经济和金融利益也日益紧密。持有外国政府国债，可以推动中国央行和政府机构深入研究国际金融市场和外部经济环境，更加重视全球性和系统性风险。这样，中国可以通过调整自身的外汇储备结构和交易策略，更好地应对国际金融市场的变化和挑战。部分外国政府国债的收益率是与基准利率挂钩的，而这些基准利率通常是美元、欧元或英镑等垄断性货币的基准利率。这就意味着，如果垄断性货币国家的经济出现严重问题，国债的回报率就可能出现波动，从而影响中国固定收益投资的回报。此外，如果中国持有的国债规模过大，一旦债务国出现债务危机或违约情况，就会给中国经济带来严重的损失。

（四）中国海外拥有的具备合约法律效力的商品市场和原料基地

中国在世界各地拥有多个商品市场和原料基地，这些商业资源对中国的经济发展至关重要。保障这些原料基地和商品市场的安全与稳定是中国海外利益保护的主要任务之一。随着中国经济发展与对外交流的不断加强，中国在海外的商品市场和原料基地中拥有着重要的利益。这些利益是具有合约法律效力的，是中国企业在海外投资经营中的重要资产，也是中国维护海外投资与经济利益安全的重要保障。

（1）具备合约法律效力的商品市场。中国在海外具备合约法律效力的商品市场主要有两个：一个是出口市场，另一个是消费市场。

中国在海外一些国家和地区建立的出口市场，由于存在合法的贸易协定，享受着一定的关税优惠和其他的优惠政策。例如，中国与东盟国家建立的自由贸易区，中国与新西兰、澳大利亚、智利等国家签署的自由贸易协定，都为中国企业在海外开发出口市场提供了优越的营商环境。在这些出口市场中，中国的优质商品和技术往往会受到国外市场的认可和欢迎，同时为中国提供了良好的营销渠道和广泛的客户基础。这些市场的建立为中国企业提供了良好的商业机会，也为中国与海外国家的经济合作打下了坚实基础。

中国在海外建立的消费市场，主要涉及的是在当地开设的商场、连锁店等。这些消费市场在当地享有合法商业地位，经营品种齐全，销售渠道广泛，为当地人民提供了优质的消费服务。这些市场的建立有助于促进中外文化、经济、商贸、技术等方面的交流与合作，增加中国企业与当地居民间的互动和了解，拉近中外之间的距离，有利于增进友谊和加深彼此间的认识。

（2）具备合约法律效力的原料基地。随着中国经济的快速增长，对原材料的需求不断增大，为了满足国内工业制造业的需要，中国在海外投资经营了许多具备合约法律效力的原料基地。这些原料基地涉及矿产、农产品、石油等领域。

中国在非洲、南美洲等地投资了大量矿产项目，获得了可观的收益。例如，中国在刚果、贝宁、安哥拉等地投资了锰、铜、铁、锂等矿产品，为国内的工业制造业提供了很多重要的原材料，同时也提高了中国在国际市场上的地位和实力。

中国在南美洲、非洲等地投资了种植农产品的基地，主要涉及大豆、棕榈油、棉花等。这些基地不仅为中国提供了丰富的农产品资源，而且也带动了当地的发展，维护了社会稳定。

中国与中东等若干国家有油气合作项目，获得了大量的石油、天然气等资源。这些资源的获取不仅为国内的工业发展和人民生活保障提供了重要的能源支持，而且在国际油气市场上提升了中国的话语权和竞争力。

（3）维护具备合约法律效力的商品市场和原料基地利益。中国在海外拥有的具备合约法律效力的商品市场和原料基地利益的保护，对中国的海外经济活动和发展具有重要的保障和作用。为了维护这些利益，中国需要加强海外投资与经济活动的监管，加强与海外国家和地区的沟通交流，避免出现贸易摩擦和投资纠纷，维护中国企业在海外的合法权益。

同时，中国还需要积极缓解海外国家和地区对中国商品的担忧，避免出现对中国商品的不公平待遇和反垄断调查。这样可以确保中国商品在海外市场的公平竞争，为中国经济的平稳发展提供有利条件。

总之，中国在海外拥有的具备合约法律效力的商品市场和原料基地利益，是中国走向世界的重要资产和基础。中国应继续加强海外投资与经济活动的监管，进一步提高企业的经营水平和风险管理能力，从而有助于国家的长远发展和维护国家利益。

（五）中国在海外拥有的企业股份和合约项目

中国在全球范围内拥有众多企业，这些企业在不同国家和地区进行投资和经营，需要保障其安全和权益。海外投资和经济利益的安全是中国海外利益保护的重要内容之一。随着中国经济的快速崛起，中国企业在海外的投资和参与越来越广泛，涉及的行业也愈加多样化，包括能源、交通、金融等多个领域。这些投资和项目的成功，对中国企业和国家利益的保障具有重要意义。

（1）能源领域。中国是全球最大的能源消费国之一，在能源领域的海外投资也是最为活跃的。能源领域的投资主要包括油气勘探、开采和输送，以及风电、太阳能等新能源领域。例如，中国石油天然气集团公司（以下简称“中石油”）在中亚地区投资的一个单元化天然气项目，可以帮助中国稳定天然气进口渠道，同时也为中亚国家提供了新的经济增长点。此外，中国国家电网公司在南美洲和欧洲也进行了大量的投资并运作诸多项目，提供清洁能源解决方案。

（2）交通运输领域。在全球化的背景下，交通运输领域的投资不仅能帮助中国企业顺利实现海外市场的拓展，还能为投资国家的经济发展和社会改善作出贡献。中国在铁路领域的投资相当活跃，如正在建造的老挝中老铁路项目、印度尼西亚雅万高铁项目等，这些项目可促进当地经济的发展，提升区域互联互通水平。在港口和公路领域，中国也大量展开海外投资和参与，如中国中铁集团公司对印度尼西亚部分高速公路的投资等项目。

（3）金融领域。随着中国金融市场的不断开放，中国企业在海外金融业的投资也越来越多。例如，中国银行在欧洲和拉丁美洲开展银行业务，建立了较为完整的金融服务网络；中国工商银行在巴西设立分行，为中巴双边贸易及当地投资提供支持，促进了巴西经济的发展。此外，中国企业还在许多金融合作机制上积极参与和贡献，如在亚洲基础设施投资银行、金砖国家新开发银行等方面，为加强和改善国际金融环境和发展作出贡献。

总体而言，中国在海外拥有的企业股份和合约项目利益十分广泛，覆盖了多个领域。这些投资和项目的成功，不仅为中国企业带来了经济回报，也为当地带来了经济增长和社会改善。通过加强与当地政府和企业的合作，优化项目和投资方案，提高风险管理和应对能力，中国企业可以更好地保障自身的利益和促进国际合作发展。

（六）符合相关国际法的科学考察或者商业利用项目

中国在公海、外太空、极地等区域进行的科学考察或商业利用项目，在保护这些利益的同时，需要遵守国际法规章。科学考察和商业利用项目是指根据国家或企业的需要，开展海外地区的科学探索活动和商业活动。在开展这些项目之前，需要进行合法的授权和准备，并严格按照相关的国际法律法规进行操作和管理，以保证项目的可持续和合法性。

（1）符合相关国际法的科学考察项目。科学考察项目是为了提高我们对自然和环境的认识和探索，同时为资源开发和保护提供信息与依据。首先，需要获得有关国家或地区的授权和许可，以确保项目具有合法性；其次，需要准备好必要的设备和人员，并按照相关国际法律法规规定的程序进行考察；最后，需要尊重当地文化和历史遗产，并为当地居民创造就业和经济效益，以增强当地对于考察项目的支持和理解。

举个例子，中国成功开展的南极科学考察项目，就是一个符合相关国际法规的科学考察项目。在项目开展前，中国已获得南极条约缔约国的批准，拥有了在南极大陆进行科学考察的合法授权。在项目进行中，科考队伍严格按照相关国际法律法规规定的程序，开展了南极大陆的综合考察及科学研究，并且与当地国家签署了合作备忘录，在资源开发和环境保护方面达成共识，促进了南极考察的可持续发展。

（2）符合相关国际法的商业利用项目。商业利用项目是为了实现经济利益和提高社会福利而开展的经济活动。符合相关国际法的商业利用项目必须严格遵守国际法，确保项目合法性和可持续性，同时要尊重当地文化和历史遗产，并为当地社区创造就业岗位和经济效益。要进行符合相关国际法的商业利用项目，企业既需要做好事先的调查和评估，包括场地的可行性、合法性和环境评估等；同时还需要确保商业利用项目的可持续性，并在项目实施前制订有效的计划，以符合当地法律和环保要求。

中国在非洲开展的“一带一路”倡议，是一个符合相关国际法的商业利用项目，也是一个促进中国与非洲国家经济合作和共赢的示范。在实施“一带一路”倡议时，中国首先在国家层面上赋予其战略地位，并根据当地实际情况，建立了相应的商业利用合作框架和机制。同时，中国也积极推进与当地政府和社会机构的合作，建设了一批符合环保要求和可持续发展的经济项目，为中国和非洲各国的共同发展搭建了平台。

综上所述，符合相关国际法的科学考察或商业利用项目必须严格遵守相关的国际法律法规和当地环保标准，同时要尊重当地文化和历史遗产，并为当地创造就业岗位和经济效益，以增强当地对项目的支持和理解。企业要充分发挥其技术和运营优势，同时坚持诚实守信、合法合规的原则，推动海外科学考察和商业利用项目的可持续发展和互利共赢。

五、中国海外安全的构成

海外利益保护是中国海外战略的重要组成部分，同时面临很多挑战。其中在海外利益保护实践中，海外安全的内容构成如下。

（一）海外政治安全

海外政治安全是指一个国家在海外的政治活动中所面对的威胁和风险的保障。海外政治安全涉及国际关系、外交政策、军事战略、反恐防范等层面，也包含了一系列的安全风险，如外部势力干预、恐怖主义威胁、政治压力、冲突与战争等。海外政治安全对一个国家的发展和稳定至关重要。在全球化趋势下，非传统安全威胁逐渐崛起，这些威胁具有隐蔽性和多样性，带来的安全风险更加复杂和多元化。因此，如何保障海外政治安全已经成为一个国家面临的严峻问题。

（二）海外文化安全

海外文化安全是指一国在海外维护和保障自身文化利益，防范文化领域的威胁和风险，确保其文化自信、文化独立和文化发展的安全。海外文化安全包括海外文化资产的保护和海外文化交流的开展。在保护海外文化资产方面，包括国家文化遗产、重要文化产业、知识产权等文化资源的保障。在海外开展文化交流活动时，要遵循文化多元性的原则，避免文化冲突和文化输出风险等问题。

（三）海外能源利益安全

海外能源利益安全是指一个国家在国际能源活动中所面对的威胁和风险的保障。能源是一个国家经济增长和社会发展的重要基础。随着全球化的趋势和能源需求的增长，越来越多的国家开始关注和依赖海外能源资源，而维护海外能源利益安全对一个国家的经济和发展具有重要意义。海外能源利益安全包括石油、天然气、核能、可再生能源等各种能源形式。

海外能源利益安全面临的挑战主要有三个方面：一是能源供应的不稳定性和不确定性；二是其他国家和组织的竞争和干涉，导致价格波动和政治风险；三是能源储备和运输安全等问题，包括恐怖主义等非传统安全威胁。

中国现在是世界上最大的能源消费国之一，保障海外能源利益安全对中国具有重要意义。中国需要加强对海外能源安全的认识和思考，推进能源安全体系建设，提高自己的能源储备和技术创新能力，实施外交手段，加强与海外国家和区域的合作，降低能源安全风险。同时，通过加强海外投资和建设，掌握更多的能源资源和渠道，加强国际能源合作，共同应对海外能源利益安全的挑战。

（四）海外通道安全

海外通道安全是指保障国家运输、交通和通信线路畅通、安全的保障措施。通道包括海外重要运输路线、重要交通线和重要通信线路。海外通道的安全对一个国家的政治、经济和安全发展具有重要意义。海外通道包括海上通道、陆上通道等，海外通道安全对保障中国海外权益和利益至关重要。

在全球化的趋势下，各国之间的贸易和交流越来越频繁。海外通道的安全面临各种挑战，包括自然灾害、人为破坏、网络攻击、恐怖主义等非传统安全威胁，这些威胁都会对国家的经济和政治稳定造成巨大影响。

中国是一个拥有庞大国土和多元地形的国家，海外通道安全对中国来说尤为重要。中国需要加强海外通道安全的意识和能力，制定海外运输和通信建设的规划与方案，加强基础设施建设和维护，在网络安全和防范恐怖主义等方面加强预防与对抗措施，建立紧急响应机制，提升战略通道安全的应急能力。

中国还需要扩大国际合作，协调和沟通互动。加强与其他国家和地区的合作，共同维护国际通道安全，构建稳定、安全、可靠的通道通信网络，增强国家的国际影响力和话语权，促进国家的长远发展。

（五）海外金融安全

海外金融安全是指一个国家在国际金融活动中所面对的威胁和风险的保障。海外金融安全涉及金融机构、资产、业务和金融稳定等方面。由于全球化的进程和金融市场的复杂化，海外金融安全成为一个国家发展和稳定的重要保障。

海外金融安全面临的挑战主要有三个方面：一是金融市场的不稳定性和不确定性；二是其他国家和组织的金融竞争和干涉，导致利率波动和汇率风险；三是金融犯罪和恐怖主义等非传统安全威胁。这些挑战都可能会对国家的金融稳定和安全造成巨大影响。

中国是世界上最大的外汇储备国家之一，海外金融安全对中国具有重要意义。中国需要加强对海外金融安全的认识和思考，优化监管机制，提升风险管理能力，加强与其他国家和地区的金融交流和合作，降低金融安全风险。同时，中国需要推动经济结构转型升级，深化金融改革和开放，提高金融自主创新能力，巩固包括人民币在内的货币和金融体系的稳定性。这些努力将有助于中国更好地维护海外金融安全和促进全球金融稳定。

（六）海外信息与数据安全

海外信息与数据安全是指一个国家在国际信息与数据交流中所面对的威胁和风险的保障。随着信息技术的迅速发展和全球化趋势，海外信息与数据安全成为各国政府和企业面临的重要挑战。海外信息与数据安全涉及网络安全、数据保护、知识产权保护等方面。在信息技术高度发达的今天，保障海外信息与数据安全对一个国家的政治、经济和社会发展至关重要。

海外信息与数据安全面临的挑战主要有三个方面：一是网络攻击和间谍活动的威胁；二是保护知识产权和个人隐私的问题；三是国别法律和政策的差异，导致信息和数据交流受到限制。

中国是一个网络大国，海外信息与数据安全对中国来说尤为重要。为了保障海外信息与数据安全，中国需要加强对新兴威胁的调查和监管，完善相关法律法规，建立海外信息与数据安全保障体系，实施数据分类和加密措施，加强网络空间安全合作，打造安全共同体。同时，中国需要进一步加强对人才的培养和技术创新，增强国家信息战略意识，提高信息技术水平，促进信息技术产业发展，实现自主可控。这将有助于中国更好地维护海外信息与数据安全，并增强国际影响力。

（七）海外投资与经济利益安全

海外投资与经济利益安全是指一个国家的企业在海外经济活动中所面对的威胁和风险的保障。海外投资与经济利益安全涉及土地、资源、市场、人力资源及企业的财产、信誉和生产经营的稳定性等方面。随着全球化趋势的不断加强，海外投资与经济利益安全已经成为各国政府和企业发展稳定的重要保障。中国需要加强海外投资的风险管理和控制，保证这些投资的安全和可持续性。

海外投资与经济利益安全面临的挑战有两方面：一是国别风险和政治风险，如国家政策、宏观经济环境、自然灾害等因素，都可能影响企业的经营和投资；二是商业风险，如市场竞争、技术改变、管理不当等因素，都可能影响企业的回报和长远发展。

海外投资与经济利益安全对中国至关重要。为了保障海外投资与经济利益安全，中国需要完善相关法律法规和制度，制定投资风险评估机制，提高企业的经营素质和风险管理能力，加强与海外地区和国家的商贸合作与文化交流，降低投资和经营风险。同时，中国需要加强企业的自主创新和技术升级，提高企业的竞争力和市场开拓能力，推进“一带一路”建设和海外产能合作，提升中国企业的国际影响力和话语权。这将有助于中国更好地维护海外投资与经济利益安全，并促进国家的长远发展。

（八）驻外机构与人员安全

中国在海外拥有众多机构和外交官，同时还有大量的海外公民。保护这些机构和公民的安全是中国海外利益保护的重要内容之一。驻外机构与人员安全是指一个国家或组织在境外设立的使领馆、代表处、办事处等机构，以及这些机构所派驻的外交官、工作人员和其他相关人员的安全保障问题。在国际交往中，驻外机构与人员承担着重要的使命，他们的安全也成为一个国家形象和利益的象征。保障驻外机构与人员安全是维护国家利益和形象的基本要求。

驻外机构与人员安全面临的挑战有两个方面：一是来自国际环境的安全威胁，包括犯罪、恐怖袭击、非法入侵、伪造文件等风险；二是来自当地社会和政治环境的安全威胁，包括政治动荡、暴力冲突、社会抗议等风险。

中国是一个全球化的大国，在国际舞台上拥有广泛的利益和影响力，驻外机构与人员安全对中国具有重要意义。为了保障驻外机构与人员安全，中国需要制定科学的安全管理体系，加强安全信息收集和分析，优化驻外机构的布局和驻外人员的配备，培养驻外人员的安全意识，提高自我保护能力，以及加强与当地政府、社会和其他驻外机构的合作。同时，中国还需要加强外交宣传和文化交流，提高国家形象和声誉，在国际社会中树立良好的形象和信誉。这将有助于中国更好地维护驻外机构与人员的安全，并促进国家的和平、发展和稳定。

第二节　中国海外利益面临的风险及影响因素

一、中国海外利益面临的风险

（一）中国海外利益面临的三大风险

在全球化的大背景下，海外利益对中国的政治、经济和安全至关重要。然而，海外利益也面临来自国际环境和当地社会政治环境的一系列风险和挑战。下面将从政治、经济和安全三个方面，举例说明中国海外利益面临的重大风险。

1. 政治风险

（1）政治压力。在一些国家和地区，政治因素逐渐成为影响经济和商业活动的重要因素。比如，一些国家会对中国企业的投资和经营活动施加政治压力，阻挠中国企业的发展和利益实现。在一些海外地区，存在“中国威胁论”，使中国企业和人员承受不正当的政治压力，遭受不友好待遇。

（2）地缘政治风险。地缘政治风险是指地缘政治形势变化对海外利益的影响和威胁。在一些地区，地缘政治风险逐渐升高，如叙利亚、乌克兰等地的战乱和政治不稳定局势，都对当地的商业活动和企业利益产生了负面影响。

2. 经济风险

（1）竞争风险。在全球化的大背景下，各国之间的竞争日益加剧。在一些地区，中国企业与其他国家的企业存在激烈的竞争，如亚洲地区的汽车、电子和电信等行业。在国际贸易中，中国企业也会受到其他国家的关税、配额和技术限制等非关税壁垒的困扰。

（2）技术风险。在全球科技创新的大背景下，技术因素也正在成为影响海外利益的重要因素。一些发达国家和地区的企业在技术创新方面处于优势位置，从而对中国企业的发展和利益产生威胁。此外，技术保护主义和技术出口限制等因素也会对中国企业的海外发展造成困扰。

3. 安全风险

（1）恐怖袭击和暴力冲突。恐怖袭击和暴力冲突是当前国际安全形势面临的重大威胁。在一些地区，如中东、非洲等地，恐怖组织和暴力分子活动频繁，对当地的商业活动和企业安全产生了威胁。

（2）信息安全威胁。信息安全威胁已经成为当前国际安全形势面临的新威胁。在全球化和信息化的大背景下，网络黑客和间谍活动不断增加，对中国企业和机构的信息安全和数据保护产生了重大威胁。

（二）中国海外利益涉险案例

1. 经济方面

中国是世界第二大经济体，在海外拥有巨大的经济利益。然而，中国在海外开展经济活动时，面临一系列的风险和挑战。如一些西方国家采取了不同形式的贸易保护主义措施，使中国的海外投资面临壁垒和限制。目前，中国公司在一些国家和地区的项目遭遇了困难，涉及的领域包括能源、基础设施等。以下列举两个事件。

阿根廷政府拦截中国企业的电缆：2018 年 6 月，阿根廷政府拦截了用于连接两个世界最大的天然气田的中国企业的电缆，据称是为了保护当地制造商的利益。

印度政府限制中国企业参与基础设施建设：印度政府称，对国家安全敏感的关键基础设施由印度国内企业出资并建设，禁止中方企业参与。

2. 安全方面

保障旅外中国公民、机构和企业的安全，是中国海外利益保护的主要领域之一。在这一领域，中国同样面临巨大的风险。近年来，全球范围内的恐怖主义势力不断抬头，基地组织等恐怖组织不断发动恐怖袭击，造成大量人员伤亡和经济损失。以下是几个具体案例。

阿富汗塔利班攻击中国驻阿领事馆：2016 年 8 月，塔利班武装分子袭击中国驻阿富汗领事馆，造成中国外交官员和阿富汗警卫人员 13 人受伤。塔利班随后声称这是对中国政府支持阿富汗政府的行动的回应。此事表明，中国在阿富汗地区的利益面临暴力威胁。

埃及恐怖分子袭击中国旅游团：2015 年 7 月，在埃及西奈半岛，一支恐怖分子组织袭击了一支中国旅游团队。此次事件导致 4 名中国公民死亡，对中国在埃及的安全形象和旅游业造成严重影响。

以上案例表明，在海外利益保护中，中国需要高度关注恐怖主义、地方独立主义等安全问题。同时，开展保护海外公民和机构安全的工作时，中国也必须加强国际合作，共同维护全球安全。

3. 公共外交方面

宣传、舆论引导等公共外交方式，可以提升国际社会对中国的认知和理解，维护和拓展中国在国际上的影响力与话语权。然而，在这一领域中，中国同样面临一些风险。

西方媒体对中国展开负面报道：近年来，某些西方国家的一些媒体不断炒作对中国的负面报道，采用一些不当手段对中国进行污蔑和诋毁，试图扭曲国际社会对中国的认知和态度。

该案例表明，在海外公共外交领域中，中国面临西方媒体的负面报道等多方面的风险。为了保障中国利益、维护中国形象，中国政府应加强对外宣传和对外交流的管理和引导，同时也需要采取恰当严密的对策来打击反华势力的破坏行为。

4. 技术方面

在技术领域，中国发展较快，已经在某些领域拥有明显的技术优势，对外技术输出势头也比较旺盛。然而，中国在海外也面临信息安全和技术安全的风险。

美国政府通过出口管制限制中国企业技术进口：为了限制中国企业的发展和进一步扩展自身市场，美国政府一些部门实行了出口管制，阻碍了中国企业的技术进口。

恶意软件等网络黑客行为：一些恶意软件等网络黑客行为可能对中国在海外的机构、企业和个人带来威胁和危害，可能导致数据泄露、技术窃取等损失。

二、影响中国海外利益的因素

1. 影响中国海外安全的因素

随着中国在国际舞台上的崛起和对外经济合作的加强，海外利益保护对于中国而言越发重要。然而，一系列因素影响中国的海外安全。

（1）地缘政治因素。中国周边国家的地缘政治影响力正在扩大，这可能对中国的外交、经济和安全产生重大的影响。例如，美国、日本等国家对中国周边的战略控制和地缘政治影响正在加强，威胁到中国的利益。中国的南海领土争端问题也对海外利益的安全构成了威胁。中国与菲律宾、越南、马来西亚等南海主权争议国家之间的紧张关系持续升级，这些争议可能引发地缘政治问题。如果不妥善处理南海问题，将会制约中国在南海地区的海洋权益，进而影响到中国的安全和利益。

（2）政治风险和不稳定因素。政治风险和政治不稳定因素是使中国海外利益安全挑战的另一个重要因素。它涉及政治体制、政治稳定等方面。在海外经济和政治体制不同、政治不稳定或存在政治冲突的情况下，海外利益会面临严重的挑战。中国在海外利益的地区布局区域中，有一些国家政治环境不稳定，这些因素可能引发社会动荡、政变、恐怖袭击等问题，对中国的外交、经济和安全产生重大影响。例如，在较为不稳定的中东地区，中国企业的投资和资源采购受到了限制与阻碍，并造成了严重的损失。类似地，一些国家的政治不稳定和社会动荡可能引发种族、宗教、民族矛盾等各种问题，给中国的利益和安全造成潜在的威胁。

（3）安全风险和恐怖主义。安全风险和恐怖主义是中国海外利益面临的另一个重要安全挑战，涉及恐怖主义、极端主义、海盗等安全问题。随着中国对外投资和海外业务的增加，中国海外的公司和公民受到的安全威胁逐渐加大，这些威胁存在于身体安全、财产安全和商业秘密安全等方面。而恐怖主义势力在全球范围内也越来越多地对中国海外利益构成安全威胁。例如，基地组织和 ISIS 等恐怖组织对于许多中国企业的投资和业务造成了直接的安全威胁。

（4）非传统安全挑战。除了传统安全挑战，如领土争端、地缘政治问题、政治不稳定等，中国的海外利益也在面临越来越多的非传统安全挑战。这些挑战可能包括环境污染、食品安全、疫情等问题，影响着中国在全球范围内海外利益的发展。环境污染和资源不足已经成为国际社会关注的焦点，尤其对中国这样的人口大国，其影响更加显著。在海外，中国企业的拓展也需要面对一些国家和地区的环境和生态问题。任何这方面的事故都可能会对中国的海外利益造成直接和间接的影响，构成威胁。

（5）民众反弹和反感。随着对外投资和海外业务不断增加，中国在海外的形象和声望也越发引人关注。然而，一些国家和地区的民众对中国企业和中国商业模式可能存在一定的反感和抵触心理，一些国家的媒体可能对中国进行负面报道，从而对中国的海外形象和利益造成影响。

（6）地区竞争对抗。地区竞争对抗也可能对中国海外利益的安全构成威胁。中国与其他国家之间的竞争在很多方面都是持续的，都可能对中国的海外利益造成负面影响。例如，中国与印度在南亚地区存在一定程度的竞争，这可能阻碍中国在该地区的投资和经济合作。

（7）司法风险。最后，司法风险涉及国际商业法律、海外投资法规等方面。司法风险指中国公司和公民在海外面临不公正对待和司法追究的风险，例如，加拿大针对华为首席财务官孟晚舟的逮捕和审判事件，引起了广泛的关注。

2. 影响中国海外经贸的因素

中国对外经贸损失的数字以及影响因素较为复杂。其中，全球化趋势的加强、贸易保护主义抬头、疫情影响等因素都给中国对外经贸带来了一定的损失。下面将综合分析这些因素。

（1）全球化趋势影响。全球化趋势的加强对世界各地的经济都产生了重大影响，中国也不例外。随着全球化的加强，全球贸易格局不断发生变化，伴随中美贸易摩擦等因素的不断加剧，中国的对外贸易金额和贸易顺差不断下降。中国海关总署统计，2023 年 1 ~ 8 月，中国进出口总值为 3. 89 万亿美元，比上年同期降低了 6. 5% ，1 ~ 8 月的出口总额为 2. 2 万亿美元，比上年同期降低了 5. 6% 。

（2）贸易保护主义抬头。自 2018 年中美贸易摩擦以来，世界各地贸易保护主义的抬头趋势十分明显。如美国采取的单边主义政策、欧盟对中国的贸易壁垒等，都严重干扰了中国对外贸易自由和公平的环境。中国海关总署统计，2021 年，中国的出口额达到了 2. 76 万亿美元，但出口面临的压力也不断增加，且贸易对外依赖程度也在提高，这说明贸易保护主义的抬头对中国的出口和国际投资产生了重大影响。

（3）疫情对中国对外经贸的影响。疫情对国际经贸关系造成的破坏是十分显著的。疫情的暴发严重干扰了全球供应链，导致全球市场需求下降和企业经营市场降低，也导致中国在 2020 年整体对外贸易损失了 9. 8% 。而与此同时，疫情的暴发对国际产业链的平衡和流程造成了影响，包括重要材料供应下降等因素，从而使国外项目和企业全部或部分停工。

（4）其他影响因素。除了上述因素，中国对外经贸损失还包括其他多种因素，如国内市场的体制性短板、人才匮乏、市场风险等。这些因素虽不同于前 3 种因素，但仍然给中国对外经贸产生了不可忽视的影响。

3. 影响中国海上交通运输的因素

随着全球化进程加快，海上贸易逐渐成为重要的经济活动，在这样的背景下，海上交通运输安全成为国际社会关注的热点之一，各国都积极加强海上交通运输安全保障。然而，海上交通运输安全面临多重威胁和挑战，包括人为因素和自然因素等方面的影响。

（1）人为因素影响。包括恐怖主义的威胁、非法行为的威胁、船只安全问题。

恐怖主义的威胁。恐怖主义的威胁是当前海上交通运输面临的严重问题。恐怖分子通过对船只进行劫持或炸弹攻击等手段来制造恐慌和混乱，甚至会导致严重的伤亡和财产损失，对船只和船员的安全构成了重大威胁。可见，海上贸易受到恐怖主义的威胁对国际社会和经济发展的影响是极为不利的。

非法行为的威胁。海上交通运输还面临盗窃、劫持、伪造货物、隐瞒货物等非法行为的威胁，这些非法行为可能导致船只失踪、船员被绑架、海上货物遭劫等安全问题。非法行为会影响海上贸易的正常开展，造成经济损失和社会不稳定，因此加强海上运输的安全监管和打击非法行为也成为国际社会的重要工作。

船只安全问题。在船只安全方面，火灾、爆炸、沉没、碰撞等问题经常导致船只遭受损失或被彻底摧毁，船员或乘客可能失踪或者遭遇伤亡事故。这种情况不仅会造成人员伤亡，还会对航运业的发展造成不良的影响。

（2）自然因素影响。包括恶劣天气的影响、海上污染的风险。

恶劣天气的影响。海上运输在恶劣天气情况下，比如风暴、台风等天气环境中会面临很大的风险，若是毫无准备，就可能导致海难事故、货船翻覆、人员伤亡等情况的发生。这时要求运输企业和船舶客户必须具备应对灾害和紧急情况的软硬件设备。

海上污染的风险。海上污染是海上运输所面临的另外一个自然因素影响。船只在进行长距离航行时，由于恶劣天气、船体劣化或其他原因，可能发生货物泄漏、油污泄漏等问题，对海洋及沿海生态环境也带来了严重的影响，同时也会造成国际社会对贸易国家的负面舆论。

面对上述风险，海上交通运输领域需要采取对应措施，新能源领域、区块链技术、人工智能、沉积质系统和核算系统需要为船企提供更好的技术支持，国家应该设置规章和管理制度，加快出海企业质量控制体系的建设，提高海底管道的应急救援和处理能力，减少海上污染等环境问题，加强国际合作，制定一系列公共政策，持续推进政策的完善和实施，保证海上交通运输的安全和质量。

第三节　中国海外利益保护的发展和新挑战

一、中国海外利益保护的发展

相比发达国家，中国从重视海外利益到国家、政府层面采取相关措施都起步较晚，目前尚未建成完善的海外利益保护体系，民间海外利益保护力量也较为薄弱。21 世纪以来，中国海外利益保护大体经历了四个历史阶段：起步阶段、“一带一路”倡议发展阶段、国家机构保护机制完善阶段、复杂多变新挑战阶段。

1. 第一阶段：起步阶段（2004～2013 年）

2000 年 3 月全国人大九届三次会议期间，决策层正式提出“走出去”战略。

2001 年，“走出去”战略被列入“十五”计划。

2002 年，党的十六大报告提出“坚持‘走出去’与‘引进来’相结合的方针，全面提高对外开放水平”。

2003 年开始，中国企业走出去的数量开始快速增加，中国对外投资进入快速发展阶段，而国家海外利益保护领域还处于一片空白，从政府到企业及个人都没有足够的重视。

2004 年 6 月 10 日，位于阿富汗北部省份昆都士以南 36 千米处的中国中铁十四局集团援建阿富汗公路项目盖劳盖尔营地遭遇恐怖袭击，11 名中国公民死亡、4 名中国公民受伤。直至今日，这一起恐袭是中国公民海外死亡人数最多的一次遇袭事件，由此直接导致中国着手开展海外利益保护工作。

2004 年 7 月 6 日，距离阿富汗恐袭事件过去不足 1 个月，外交部即成立涉外安全事务司，该司的主要职责就是做好海外利益保护的相关工作。

2004 年 11 月，中国建立了由外交部牵头、26 个国务院机构和军方有关部门参与协作的“境外中国公民和机构安全保护工作部级联席会议机制”，统一指挥、协调国务院各部委办及地方政府，处理国外涉及中国公民和企业的重大领事保护事件。机制共有外交、公安、安全、国资委、军方等 20 余个部门参加，这是目前最重要的中国海外利益保护工作协作平台。

2006 年，外交部和国家旅游局发布《中国公民出境旅游突发事件应急预案》。

2007 年，外交部成立领事保护中心。

2010 年，外交部发布《中国境外领事保护和服务指南》。

2011 年 4 月，经国务院批准，发改委、商务部会同 20 多个部门建立了“走出去部级协调机制会议”。

这一阶段，海外利益保护工作从无到有。国家在领事保护、国际警务合作、情报共享、联合反恐、企业防范等领域逐步积累经验，海外利益保护工作的推进速度中规中矩。

2. 第二阶段：“一带一路”倡议发展阶段（2013 ~ 2017 年）

2013 年 9 月和 10 月中国国家主席习近平在出访中亚和东南亚国家期间，先后提出共建“丝绸之路经济带”和 21 世纪“海上丝绸之路”的重大倡议，得到国际社会高度关注，二者合称“一带一路”倡议。“一带一路”倡议推动数万家中国企业走出国门做生意，2015 年起，中国企业走出去的数量快速增加。与此相对应的是，中资企业、驻外机构、人员、海外资产等中国海外利益面临的安全风险不断上升，遇袭事件不断出现，海外利益成为国家总体安全中日益重要的组成部分，政府层面加快了完善海外利益保护工作机制的步伐。

2013 年，中国发布国防白皮书《中国武装力量的多样化运用》，成立了中国企业投资协会海外投资咨询委员会，首次提出维护海外利益和远海维护海上战略通道问题，同年成立国家安全委员会。

2014 年，外交部全球领事保护与服务应急呼叫中心成立。

2015 年，外交部和驻外使领馆就处理了 8 万多起案件，平均每天 235 起，相当于平均每 6 分钟就处理一起案件。

这一阶段，海外利益面临的风险快速上升，海外利益保护工作面临的形势更加复杂危险，政府层面在不断填补安保空白、完善已有机制。民营安保力量在这一阶段大量参与进来。

3. 第三阶段：国家机构保护机制完善阶段（2017 ~ 2021 年）

这一阶段的标志性事件是相关部门成立了专门机构处理中国海外利益保护相关工作。外交部、国资委、公安部等国家机构在不断提升海外利益保护的业务能力、不断完善工作机制的同时，也在不断加强对走出去中资企业的安全培训、合规指导、风险预警和事后救助。

4. 第四阶段：复杂多变新挑战阶段（2021 年 7 月至今）

在巴基斯坦发生达苏水电站通勤车遇袭事件之后，最高领导人作出重要指示，总理、外交、公安两位国务委员与巴方进行了高级别、高频次对话，海外利益保护在这起事件之后得到了更多的重点关注。

从 2021 年初的缅甸政变到尼日利亚绑架、南非骚乱、巴基斯坦恐袭，海外利益面临的威胁与挑战只多不少，加之海外利益保护工作受全球疫情的限制比较大。随着疫情结束，中国海外利益保护工作迎来了新一波的高潮。

相较于发达国家，中国从重视海外利益到国家、政府层面采取相关措施都起步较晚，目前尚未建成完善的海外利益保护体系，民间海外利益保护力量薄弱。但从近年来的一系列举措中可以看出，针对海外利益保护所采取的措施越来越细化，体现了多样化的保护思路，相应的管理层级不断提升，反映了国家对海外利益保护的重视。

目前，中国政府对海外利益保护的手段主要有外交交涉、利用国际制度和法律维权，同时辅以军事力量保护、文化融合、经济共赢等方式。应当说中国海外利益已经取得了不俗的进步，但还远未形成体系化的解决思路和制度，过多地依赖国家层面的外交、制度、法律等手段，未能充分发动民间力量的优势。

二、“一带一路”新阶段中国海外利益保护面临的新挑战

数字与绿色丝绸之路的“一带一路”是一个全新的发展时期，海外利益保护所面临的挑战也将随着时代的发展而不断变化和升级。

数字技术革命和绿色技术革命的加速发展给“一带一路”沿线国家与地区的经济、政治、文化和社会发展带来了新的机遇和挑战。数字技术革命和绿色技术革命的深入推进，将改变“一带一路”对外合作的格局和方式，给海外中国企业的投资和经营带来重大影响，也给海外利益保护带来新的挑战。

数字技术革命是指信息技术、物联网、人工智能、大数据等新一代信息技术的快速发展，为全球经济和社会带来了巨大的变革。绿色技术革命是指清洁能源、环保科技、低碳产业等领域的快速发展，为保护地球环境和推动可持续发展带来了新的希望。

数字技术革命和绿色技术革命的深入推进，将对“一带一路”沿线国家和地区的经济结构和产业布局带来重大的变化。数字技术革命将加速“一带一路”建设中的信息化和智能化进程，推动数字经济、跨境电商、智慧城市等新兴产业的发展，加强区域的互联互通和信息共享，提高动员和协调政策、资源和产能的能力；绿色技术革命将加速“一带一路”建设中的绿色发展和低碳经济转型，推动绿色能源、环保科技、节能减排等领域的发展，减轻环境污染并应对气候变化，实现经济增长与资源、能源与环境的平衡。

数字技术革命和绿色技术革命的深入推进，将促进海外中国企业的转型升级和创新发展，提高海外企业的核心竞争力和市场开拓能力，有利于海外企业更好地适应区域的需求和变化。

数字技术革命和绿色技术革命的深入推进，也在一定程度上降低了企业的进入门槛，促进了“一带一路”沿线国家和地区的产业升级和

城市现代化。与此同时，海外利益遇到的挑战也在逐步增加。

(1) 安全风险和政治风险增加。数字技术革命和绿色技术革命的深入应用，也对海外中国企业带来了新的安全风险和政治风险。特别是在一些政治动荡、恐怖袭击频发等安全局势不稳定的国家和地区，投资和经营风险更加突出。

(2) 贸易保护主义和反全球化倾向抬头。随着全球化进程的逐渐加深，贸易保护主义和逆全球化思潮也暗流涌动。在“一带一路”建设中，一些国家和地区也采取了类似的措施，加强了对本国企业的保护，给对外投资和经营带来了更大的难度和风险。

(一) 数字技术革命对海外利益保护的挑战

随着数字技术革命不断深入，数字丝绸之路的建设将越来越重要和复杂。数字化将改变全球经济和金融体系的运作方式，给海外投资及经济安全带来重要影响和挑战。

1. 数据安全问题的挑战

数字技术的发展使数据成为企业竞争优势和隐私保密的重要资产。然而，数据的泄露和滥用现象也更加频繁。对出境和海外的中国企业而言，数据安全是一个长期存在的挑战。比如，中国的一些企业在海外投资和业务开展中可能会面临来自政府、恶意竞争者等方面的网络攻击和信息盗取。这些安全问题不仅影响企业的经济和商业利益，还可能影响国家的形象和安全。

2. 知识产权问题的挑战

数字技术的发展使知识产权的重要性更加突出。在数字丝绸之路上，中国企业在知识产权保护方面还存在很多薄弱环节。比如，一些企业在开展海外业务时，可能会遇到抄袭、盗用和转卖等涉及知识产权问题的情况，这些问题对企业创新和经济利益的实现会产生严重影响。

3. 监管问题的挑战

数字技术的发展对金融业、互联网等行业政策和监管的要求也在变化。在数字丝绸之路上，海外投资、金融业务或合作需要遵守当地的法律法规和监管要求。这将会给中国企业带来一定的挑战，因为不同国家的法律和监管标准存在很大差异。

（二）绿色技术革命对海外利益保护的挑战

随着绿色技术革命的推进，可持续发展和环保已经成为全球性的主题和热点。中国在“一带一路”建设中也提出了“绿色丝绸之路”的概念。然而，在绿色丝绸之路上，海外利益的保护也面临各种挑战和风险。

1. 环保问题的挑战

绿色丝绸之路需要遵守可持续发展和环保的原则，要求在建设中充分考虑环境和自然资源的保护，以及社会的具体需求。然而，在一些国家和地区，环保能力和意识较弱，污染和破坏环境的行为比比皆是。中国企业在海外开展绿色技术的投资和合作时，需要面对不同的环保问题和社会需求的差异，这要求自身需要具备不同的环保技术和管理能力。

2. 社会问题的挑战

绿色发展需要社会的支持和认可，因为与绿色技术相关的往往是社会的公益需求和民生福祉。在海外投资和项目建设中，中国企业常常面对各种社会问题，如土地收购和流动人口的管理等。这些问题对企业的投资和经营具有重大影响。

3. 经济问题的挑战

虽然绿色技术革命对环境和社会的保护意义不容置疑，但是绿色技术和产品在经济方面的创新和应用还需要更多的投资和支持。对中国企业而言，投资和研发绿色技术的成本和回报可能会存在一定落差，这对企业长远发展和海外利益的保护都将产生影响。

总之，在数字化和绿色化的双重挑战下，保护海外利益需要采取综合措施和政策支持，加强信息共享和交流，提高企业、政府和社会的管理与创新能力。只有这样，才能够更好地完成数字丝绸之路的建设与绿色丝绸之路的创新应用，进而提高中国企业的国际影响力和竞争力。

第四节　各国需要构建海外利益保护体系

随着“一带一路”倡议的推进和中国改革开放新局面的形成，各国之间的利益交织日趋复杂，利益的冲突和争夺也越来越频繁。特别是在国际投资和经济合作方面，国家、企业和个人所面临的利益风险和挑战更是前所未有的。同时，全球经济格局的变化，也使海外利益保护的需求更加迫切。一个完善的海外利益保护体系，对国家的经济、政治和社会发展都具有重要的意义和必要性。因此，构建海外利益保护体系已成为国际社会和各国的共同目标。

一、各国构建海外利益保护体系的意义

构建海外利益保护体系的意义在于，通过建立相应的制度和机制，保障国家和个人在海外的合法利益，维护道德和法律的尊严，促进经济和社会的稳定发展。具体来说，构建海外利益保护体系具有以下几个方面的意义。

（一）保障国家和民族利益

一个国家的海外利益保护体系包括各方面的国家利益和民族利益，如领土、安全、主权、和平等方面的利益。这些利益是国家发展和民族繁荣的基础，是国家战略和发展的重要支撑。构建海外利益保护体系可以有效保障国家和民族的合法利益，增强国家的软实力和国际竞争力，维护国家形象和声誉。

（二）保障企业和员工海外利益

在经济全球化和国际贸易中，企业和员工面临的海外利益风险和挑

战也愈加严峻。构建海外利益保护体系可以通过相关法律、政策和制度，保护企业和员工的合法权益，规范企业的经营行为，提高企业和员工的风险防控意识和应对风险能力，促进企业和员工的可持续发展，增强企业和员工的社会责任感。

（三）促进国际合作和经济交流

构建海外利益保护体系可以为国际合作和经济交流提供有力保障与支持。不同国家和地区之间的利益存在差异，需要通过利益协商和利益平衡来实现共赢。构建海外利益保护体系可以加强各方面之间的互信和共识，促进国际交流和经贸发展，构建更加公正、合理、稳定、可持续的国际经济秩序。

二、各国构建海外利益保护体系的关键问题

为了有效构建海外利益保护体系，需要解决以下几个关键问题。

（一）制定科学合理的法律和政策

国家需要根据自身实际情况和国际权利义务，制定相应的法律和政策，规范各方面的利益行为，保障各方面的合法权益。在制定法律和政策时，需要充分考虑行业特点、地区差异、发展阶段和市场需求，确保法律和政策的科学合理性和操作可行性。

（二）建立健全的机制和制度

除了法律和政策，还需要建立健全机制和制度，完善海外利益保护的运行机制和管理机制。这包括相关部门和机构的职责和权责、信息收集和分析机制、反应速度和效率等方面的制度设计和运营管理。只有建立健全的机制和制度，才能确保海外利益保护工作的高效稳定和全面可靠。

（三）提高各方面的风险防范和应对能力

海外利益保护涉及多方面、多层次、多领域的风险和挑战，需要在各方面加强风险防范和应对能力。这包括企业和员工的自身保护意识和能力、政府和公共机构的协同和应急响应能力、社会和民间组织的普及

和支持力度等方面。只有各方面都具备高效的风险防范和应对能力，才能实现利益保护体系的高效稳定和全面可靠。

三、各国如何构建海外利益保护体系

（一）国家如何构建海外利益保护体系

随着全球化的发展，各国政府也需要采取一系列措施来保障本国企业、机构和人员在海外经济活动中的利益和安全。这主要体现在以下几个方面。

1. 政策、法律法规的制定和宣传

为了保障海外利益和安全，各国政府要制定一系列切实可行的海外投资政策，不断完善风险评估机制和安全管理体系。政府要加强与商务、外交机构的协调和沟通，对利益保护政策进行全面宣传和解释，从而加深各方对政府政策的认识和理解。同时，为了规范和保障海外企业的合法权益，政府还应当完善涉外法律法规，如国际商法、知识产权保护等相关法律，以便在解决争议时有法可依。此外，政府还应建立利益保护基金，为遭受海外投资损失的企业提供支持和救助。

2. 建立安全保障机制

由于海外投资面临的挑战和风险复杂多样，各国政府要采取一系列举措来进行安全保障，尤其是在安全威胁日益增加的情况下，这一工作更为重要。政府需要对驻外机构和人员进行合理分布和部署，根据当地环境的不同，采取特定的安全保障措施，建立安全保护体系，提高海外利益和安全保障策略的时效性和准确性，加强对突发事件的应急处理和防范，保障投资者的利益和安全。

（二）企业如何构建海外利益保护体系

在海外投资中，企业也需要采取一系列措施来保障自己的利益和安全，这主要体现在以下几个方面。

1. 加强科学决策和投资管理

企业需要制订科学的海外拓展战略和投资计划，并建立健全管理体系。企业要充分掌握投资所涉及的各种经济、政治、社会和自然风险，加强风险评估和防范，提高风险应对措施的灵活性和针对性。企业应根据当地的商业规则和习惯，以及市场需求和产品特点，制定合理的价格策略和销售策略，加强政府和商业关系的管理，确保企业在海外经济活动中的合法权益。

2. 加强人员安全防范和危机管理

企业要加强驻外员工的安全防范，提高驻外员工的安全意识和自我保护能力。企业要定期进行员工应急演练，并提供必要的保障措施和资源，以便在危机发生时及时应对和处理。此外，企业还应建立健全应急处理机制，包括影响评估、协调配合、信息收集、舆论引导等方面，以保障企业的经济和形象安全。

3. 加强信息公示和定期汇报

企业在海外经济活动中要积极履行社会责任，遵守当地法律法规和商业规则，注重企业诚信和形象建设。除此之外，企业还要及时公开信息、定期汇报业务情况，引导公众对企业有更全面、立体、真实的认识。加强与当地政府、社群和相关机构的沟通与协作，打造良好的社会形象和品牌形象，以达到增强企业社会责任感、建立公开透明企业形象、维护商业机构良好形象等目的。

（三）个人如何构建海外利益保护体系

在海外活动中，个人也需要构建海外利益保护体系来保障自己的权益和安全，确保在海外能够顺利进行工作或生活。这包括以下几点。

1. 及时获取当地信息和了解当地风俗习惯

在海外活动中，个人首先需要了解当地信息和当地风俗习惯，以便在活动中更好地适应当地环境和文化。收集并了解相关信息，不仅有助于更好地投资或生活，还可以避免出现一些可能会影响个人利益的不必要的矛盾或误解。

2. 合理规划活动路线和安全区域

个人在海外活动时，要进行合理的活动规划，更好地管理自己的时间和行程，并根据活动的具体情况选择相应的活动区域和场所，以确保个人的安全和利益得到保护。此外，个人还要遵守当地的法律法规和商业规则，以免因违反规定而遭受损失。

3. 保持合理形象和维护安全

在海外活动中，个人还应保持良好的个人形象，注重形象管理，严格遵守当地的安全规定，增强安全意识和应急处理的技能。同时，要定期与家人、朋友保持联系，在遇到突发事件时要及时向当地领事馆或驻外机构寻求帮助。

四、构建海外利益保护体系的实践案例

在国际化的背景下，许多国家和组织都在积极构建和推进海外利益保护体系的建设。以下列举几个实践案例。

中国的“人民利益安全保障工程”：该工程由领保工作人员、海外公务员、海外专家等组成，由外交、公安和人民武装等多部门联合行动，以维护海外中国公民的合法权益。该工程通过建立外交机构网络、健全领事保护机制、增强公民安全教育意识等措施，有效保障了海外中国公民和企业的利益安全。

美国的“国家利益安全战略”：该战略以维护美国国家利益和民主价值观为核心，通过建立健全的投资审查机制、加强网络安全和商业秘密保护、扩大进口市场等措施，增强了美国的利益保护能力和国际竞争力。

欧盟的“外交安全战略”：该战略以欧盟共同外交安全政策为基础，通过建立健全的安全协调机制、加强企业和员工的安全保护、扩大贸易和投资市场等措施，密切了欧盟与其国际伙伴之间的利益关系。

以上案例表明，在海外利益保护的实践中，各国和地区可以根据自身实际情况和发展需求，建立适当的体系和机制，促进国际合作和经贸

发展，保障各方面的合法权益。

总之，构建一个完善的海外利益保护体系，对国家、企业和公民的海外利益都具有重要意义和必要性。需要依据国际法律和规则的统一原则，制定完善的法律制度、政策和规则，加强各利益方之间的协调和沟通，提高公众和企业的利益意识。各国也需要在保障本国发展利益的同时，考虑全球合作和竞争，共建和谐的国际秩序，打造利益共赢的新格局。

第三章

“一带一路”新阶段
海外利益保护体系模型

第一节　全域全向多元立体海外利益保护体系模型

海外利益是国家利益的重要组成部分，海外利益保护是保护国家利益的一项重要任务，也是实现国家发展和维护世界和平稳定的重要组成部分。在“一带一路”新阶段，建立全域全向多元立体海外利益保护体系，是当前中国在海外利益保护方面所面临的重要任务。

全域全向多元立体海外利益保护体系模型主要包括包含领域、指涉对象、参与主体、十道防线（见图3－1）。

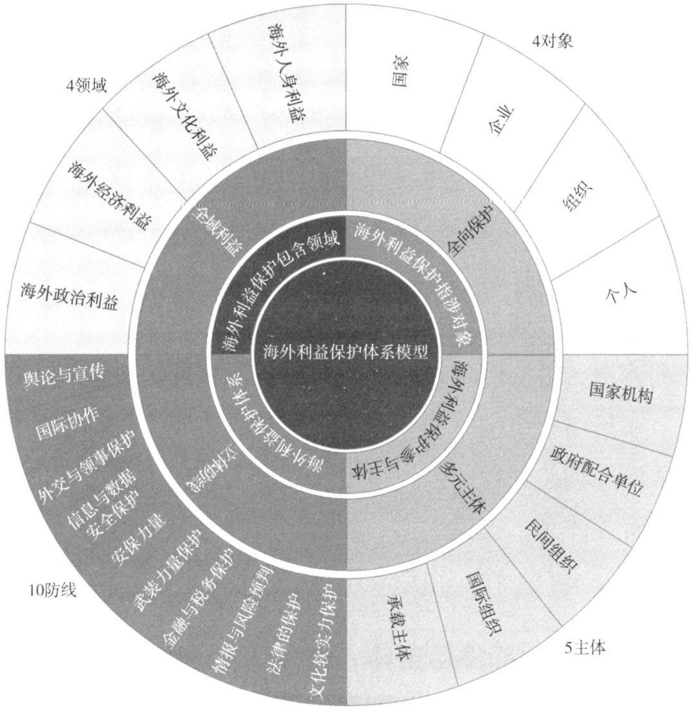

图3－1　海外利益保护体系模型

一、海外利益保护包含领域：全域

海外利益保护包括政治、经济、文化、科技、军事、个人等多个领域，可以说是全域，因此要建立全域的海外利益保护体系。在政治领域，应该加强研究和分析影响海外政治环境的因素，及时采取行动维护中国的利益和形象。在经济领域，要强化国家资本的联动和功能，提高海外中资企业的吸引力和竞争力，保护中资企业的合法权益。在文化领域，要加强文化软实力的建设，积极推进中国文化的海外传播，倡导和推广中华文化。在科技领域，要加强国内对科技前沿发展的研究和发现，积极开展科技合作，推进创新型国家建设。在军事领域，要加强在军事上的紧密合作，并积极参加国际维和行动。在个人领域，要加强对海外中国学生、侨民、商人的保护和服务，确保其合法权益受到保护。

二、海外利益保护指涉对象：全向

海外利益保护指涉对象包括国家、企业、组织和个人。国家是维护海外利益的主体，企业是实现海外投资和经济效益的主体，组织包括政府机构和民间组织，个人则是海外利益的承载者和实践者。

海外利益保护需要进行全向的保护。这要求我们不能只从一个基本单位、一种角度、一种视角去考虑和保护海外利益，需要在国家、集体、组织、个人等方向上进行统筹协调的保护。在国家方向上，要建立相应机构和体系，落实汇报机制，及时掌握国家在海外利益上的发展和变化情况。在集体和组织方向上，要加强各类中资企业和侨团的联动和协作，形成海外利益保护的强大力量。在个人方向上，要建立覆盖海外中国人口的服务体系，提供生活、教育、医疗等方面的帮助和支持，使他们能够在海外安心工作、生活和学习。

三、海外利益保护参与主体：多元

海外利益的保护主体要向多元化转变，要加强与海外的国家机构、政府协调配合单位、民间组织、国际组织、海外利益承载单位等的沟通和协作，建立多元主体的海外利益保护体系。在多元保护方面，除了要建立常规的法律体系和安保体系，还要加强人文交流等多种方式的保护。这些方面的保护，不仅能有效地减小风险，还能对维护海外利益产生积极的促进作用。

四、海外利益保护十道防线：立体

海外利益保护需要建构立体保护防线。这包括文化软实力、法律、情报与风险预判、金融与税务保护、武装力量、安保力量、信息与数据安全、外交与领事保护、国际协作、舆论与宣传等多方面的保护。在文化软实力方面，要加强中华文化的海外传播，提高海外的中国形象和文化影响力。在外交和领事保护方面，要加强与海外驻华使领馆的联动和协作，尽可能地维护海外中国人在法律、安全等方面的权益。在国际协作和舆论宣传方面，要加强协调，建立国际合作体系，发挥舆论引导的作用，为全球治理体系建设作出贡献。

总之，中国需要以负责任的姿态，严格遵守国际规则，在合法合规的范围内维护海外利益，切实增强中国在海外的影响力和竞争力，让中国海外利益保护工作成为一个全方位的、全过程的、多层面的、多方参与的、立体化的保护工作。这样不仅可以保护国家海外利益，还有利于中国国家形象的提升，对中国的发展有着积极的作用。

第二节　海外利益保护包含领域：全域

海外利益包括政治、经济、文化、科技、军事、人身、数据等多个方面。政治利益包括维护国家主权和领土完整、推动国际合作和对外政策、维护国际秩序等。经济利益包括开展贸易和投资、获取资源和市场、增加国际影响力和声誉等。文化利益包括传播本国文化、推广文化产业、促进文化交流等。科技利益包括加强国际科技合作、推动技术创新、扩大科技影响力等。军事利益包括维护国家安全、开展军事合作和援助等。人身利益包括保护海外公民权益、开展海外人员往来和移民等。因此，一个国家的海外利益具有多重维度和层次，需要通过整体性规划和有效的机制来拓展和维护（见图3－2）。

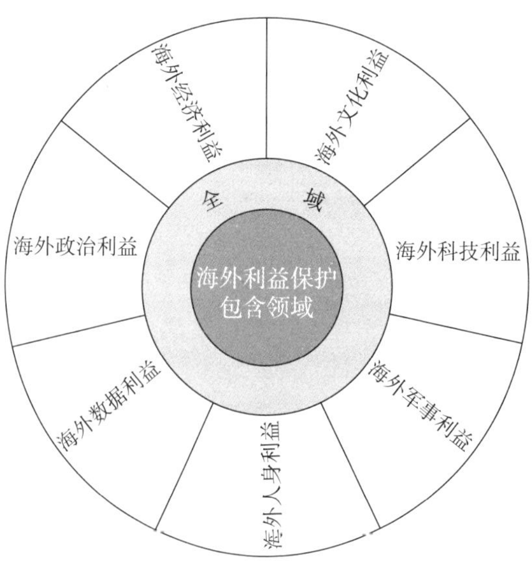

图3－2　海外利益保护包含领域

一、海外政治利益

海外政治利益是指一个国家在国际政治格局中所处的位置以及对国际形势的影响力。政治利益是一个国家在海外需要关注和解决的重要问题之一，涉及维护国家主权、领土完整，国际组织参与、推动国际合作和对外政策，地缘政治影响，维护国际秩序等方面。只有充分发挥自身的政治优势，才能在国际舞台上取得更大的影响力和话语权。

一个国家在海外政治利益方面的增强，可以提升本国的国际地位和声誉，使本国更易受到其他国家的尊重和认可。同时，国际社会地位高的国家往往更易获得其他国家的支持，更能够维护自身的利益和推动国际事务的发展。在扩大海外政治利益方面，国家需要多方面的努力。首先，在国际组织和国际事务中积极参与，为国际合作和解决国际问题贡献力量，并争取更多的支持和话语权。其次，在对外关系中加强交流和合作，推动国家间的友好关系和共同发展。此外，还需要通过加强军事合作和军事建设等方式来保护自身的安全和利益。但是同时也需要注意，扩大海外政治利益不应该违背国际法和国际准则，也不应该对其他国家的安全和利益造成威胁与影响。一个国家应该在海外政治利益扩张的过程中遵守国际法律和规则，积极促进国际合作与互惠共赢，保持和平发展与开放、合作的态度。

拓展海外政治利益可以为国内的经济、安全和文化等提供支持和保护。在经济方面，海外政治利益的增强可以帮助国家拓宽市场，增加贸易额和投资回报率，促进本国经济发展。此外，在国际经济合作中，国家的政治地位和声誉也能够为国内企业争取优秀的合作伙伴，并为项目开展提供帮助和保障。在安全方面，海外政治利益的增强可以帮助国家维护自身的安全和稳定。国家在海外开展军事合作和军事建设，可以增强本国的军事实力和安全保障，同时保障本国的海外利益。在文化方面，海外政治利益的增强可以帮助国家推广本国文化和形象，增强国家的软实力和文化影响力。国家在海外开展文化交流和文化产品推广，可以吸引更多的外国人来学习和了解本国文化，促进文化与民族之间的相互了解。总的来说，海外政治利益为国内经济、安全和文化等方面的发展提供了重要的支持和保护。国家需要在开展海外政治利益的过程中加强合作和交流，共同推进国际经济、安全与文化的繁荣和发展。同时，各国也需要遵守国际准则和规则，遵循和平发展和互利互惠的原则，维护和平、稳定和繁荣的国际环境。

增强海外政治利益可以帮助国家实现更多的战略目标。国家在海外政治利益方面的增强，可以为国家的发展和利益维护提供更多的支持和保障。通过参与国际组织和开展国际合作，国家可以发挥更大的影响力，推动国际政治力量的改变，进而实现自身的战略目标。例如，国家可以通过加强经济合作和投资，推动“一带一路”建设，提升国家在全球经济板块的影响力，实现战略目标。在地区政治问题上，国家也可以通过外交斡旋等方式，为解决地区冲突和稳定局势发挥作用，保护自身利益。在实现战略目标的过程中，国家需要秉持开放、合作、互利共赢的原则，与其他国家加强合作与协调，共同推动国际事务的发展。同时，国家也需要不断加强国内改革和发展，提升国家的软实力和实力基础，从而为实现更高层次的海外政治利益提供有力保障。

综上所述，海外政治利益对于一个国家的发展和利益维护具有重要作用。只有充分发挥自身的政治优势，加强对海外政治利益的拓展，注重国际合作，才能在国际舞台上取得更大的影响力和话语权，为国家的发展和利益维护作出更大的贡献。

二、海外经济利益

海外经济利益是指一个国家通过各种形式的经济活动获得的经济利益或资源支持，利益来源包括贸易、投资、金融合作等。拓展海外经济利益能够为国家提供市场机遇、资源支持，同时也有助于促进国际合作与交流。

海外经济利益的维护和拓展不仅可以为一个国家创造更多的市场机

遇，还可以扩大国家的贸易、投资和经济建设领域。通过与他国进行经济合作，国家可以获得更广阔的市场空间，提高产品和服务的竞争力。同时，海外投资和建设也为国家提供了更多的发展机会和商业合作，进一步为国家开辟了新的经济增长点。海外经济利益的拓展，可以推动借助他国的优势和资源，优化本国的产业布局。例如，发展中国家可以与发达国家和地区合作，引进优质技术和高端设备，对本国产业进行先进化改造。这样能够提高产业整体水平，进而促进整个国家的经济发展和产业升级。

拓展海外经济利益可以为国家提供更多的资源支持，尤其是对于发展中国家而言，海外经济合作和投资更具有重要的意义。第一，通过海外投资、合作和建设，国家可以获取更多的资源和技术支持。在国际市场竞争中，各个国家之间往往存在着资源禀赋不完全相同的情况，海外经济合作则能够促进资源的优化配置和转移。例如，一些国家拥有较丰富的石油、天然气资源储备，而其他国家需要进口这些资源以满足自身的需求，因此双方进行合作能够实现互利共赢。第二，海外经济合作还能够带来先进的技术和管理经验，提高国家的产业水平和技术含量。尤其对于发展中国家而言，技术含量低下往往是制约其经济发展的重要因素之一，借助他国的技术和管理经验，能够缩短技术和管理上的差距，提高国家的产业竞争力。第三，海外经济合作也能够为国内企业提供更多的投资和融资机会。国家可以通过引进外资，促进国内产业升级和转型；利用海外资本市场，进行融资和资本运作。

拓展海外经济利益可以促进国际合作与交流，这对于各个国家而言都非常重要。通过与他国的经济合作，不仅可以扩大双方的市场和贸易规模，还能够提高合作关系的信任度，同时也有利于各个国家之间的相互了解和文化交流。在这个全球化的时代，各个国家和地区都紧密相连，海外经济利益的重要性越发凸显。海外经济利益可以帮助各个国家之间共同应对全球性问题。例如，对于气候变化、贫穷、粮食安全等问题，各个国家需要联合起来，通过经济合作寻求共同解决之道。在此过程中，海外经济利益将起到重要的作用。海外经济利益还能为公共事业提供更多的投资和融资机会，帮助各个国家实现可持续的发展。例如，通过投资绿色能源项目、公共交通等领域，全球的生态环境和人类的生活水平都会得到显著的提升。海外经济利益也能够推动全球的经济繁荣和增长。各个国家之间的经济合作和交流将促进全球市场的扩张和产品的进一步优化，在这一过程中，所有国家都能够享受到其带来的红利。

综上所述，拓展海外经济利益对一个国家的经济发展具有极其重要的意义。它为国家创造了更多的市场机遇和资源支持。通过海外贸易、投资等活动，国家可以扩大市场份额、提高竞争力，同时也能获取更多的资源和技术支持，以促进国家的产业升级和转型。拓展海外经济利益还能够促进国际交流与合作，加强国家间的沟通和交流，提高国际贸易和投资的效率和质量，从而为世界经济的繁荣和稳定作出积极贡献。

三、海外文化利益

海外文化利益涉及各种文化交流与合作，包括人文、教育等方面。海外文化利益对一个国家的文化发展和国际形象塑造具有重要的意义。

海外文化利益的重要性在于它能够促进不同国家之间的相互了解和交流，促进跨文化沟通和合作，为不同文化之间的和谐互动提供了可能。跨越文化的交流和合作，可以消除文化之间的隔阂和误解，促进相互尊重和包容，进一步增强国家间的友谊与合作。同时，海外文化利益还能够增加文化多样性和文化创意产业的发展，为国内和国际经济的繁荣作出贡献。

通过海外文化交流，国家可以充分利用其他国家的文化优势和先进经验，为本国文化的创新和发展注入新的动力。海外文化交流还可以增加文化多样性，促进文化创意产业和经济的繁荣发展。若要获得海外文化交流的成功不仅需要在技术层面上建立良好的交流渠道和平台，更需要在深入了解和尊重其他文化的基础上展开交流和合作。同时，海外文化交流也需要遵循相关的规则和准则，保障各方的合法权益。海外文化交流的深入推进可以为各国的文化发展、国际文化交流以及人民之间的相互理解和友谊作出积极贡献。我们应该在开展海外文化交流活动的同时，注重对文化的尊重、理解和共享，积极探索交流的新模式和方法，共同推动世界文化的繁荣发展。

海外文化利益的另一个重要作用是帮助国家推广本国文化和形象，增强国家的软实力和影响力。海外文化活动、文化产品和文化交流不仅可以加强国家在国际上的文化影响力，还可以吸引更多外国人了解本国文化、学习本国语言，促进人民之间的相互了解和友谊。在开展海外文化推广活动时，需要注重本土化和创新，将本国的文化元素融入文化产品和文化活动中，增强海外受众的共鸣和认同感，提升本国文化的传播效果。同时，还需要通过各种渠道和平台传播本国形象，增强国家的国际影响力和竞争力。

总之，文化交流和教育交流等方式，可以促进不同国家间的相互了解，以及文化多样性和文化创意产业的发展，增强国家的软实力和影响力。在开展海外文化交流时，需要尊重不同国家之间的文化差异和传统文化，遵循国际规则和准则，实现互利共赢和文化多元共存。

四、海外科技利益

在当今全球化的时代背景下，海外科技利益已成为各国发展和竞争的重要方面。对于一个国家而言，科技发展和创新是推动经济和社会进步的关键所在。加强国际科技合作可以促进科技资源共享和技术创新，提高国家创新能力和国际竞争力。在全球化的背景下，各国科技创新和投资越来越相互关联。国际科技合作可以使彼此之间的企业和研究机构互惠互利、相互补充、实现共赢。同时，国际科技合作还可以提高技术的透明度和标准化程度，促进国际科技治理。

推动技术创新是一个国家拥有先进技术的关键。创新能力的提升，可以使企业和研究机构在技术和产业领域更具竞争力，更能实现自身的价值和目标。通过加强研发和科技投资，国家可以在先进技术领域取得领先优势，形成产业升级和转型的势头。此外，科技创新也可以推动社会生产力的提高，促进社会经济的可持续发展。

扩大科技影响力可以提高国家在全球科技治理中的话语权和影响力。国际技术标准制定是各国争夺话语权和影响力的重要途径。参与和主导国际技术标准制定，可以让国家在全球科技治理中占有更为重要的地位，推动自己的科技创新模式和科技产业发展模式被广泛应用。此外，扩大科技影响力也可以带动区域和国际合作发展，共同应对全球性或区域性科技挑战。

在拓展和维护海外利益时，科技方面的战略和政策需要得到足够的重视和支持，以促进国家科技实力和发展。加强科技创新和提高科技创新能力是国家一个长期而紧迫的任务。政府需要加强科技投入和科技产业建设，以促进技术创新和产业转型。同时，还需要积极开展国际合作，拓展科技合作领域并加强科技交流和产学研合作。除此之外，政府还要通过制定相关政策，促进科技企业的成长和发展，打造创新的文化氛围，提高人才培养和引进的策略，实现科技人才的高质量发展和流动。

总之，在海外利益的拓展和维护过程中，科技扮演着重要的角色。通过加强国际科技合作、推动技术创新和扩大科技影响力，可以提高国家在全球科技治理中的话语权和影响力，实现国家科技实力和发展的长足进步。

五、海外军事利益

海外军事利益是一个国家在海外所涉及的军事领域的总和，涵盖了维护国家安全、开展军事合作和援助等多方面内容。

维护国家安全是一切军事行动的根本目的。海外部署军事力量是为了防范和遏制潜在的安全威胁，确保国家的安全和利益受到最好的保障。

开展军事合作也是海外军事利益的重要方面。通过与其他国家合作，在共同的军事目标下，提高各方的军事能力，强化军事力量。另外，通过军事合作，可以向其他国家展示自己的军事优势和战斗能力，树立本国的军事形象。

海外援助也是海外军事利益的一部分。当灾难发生时，一些国家会派遣军队到灾区或危机现场提供援助。这种援助不仅可以缓解灾难造成的人员伤亡和财产损失，也可以展示本国的人道主义精神和国际责任。例如，中国派遣军队到海地提供人道主义援助和重建工作，提高了中国的国际地位和形象。

总的来说，海外军事利益具有重要的地缘政治和安全意义。通过增强军事实力，拓展军事合作和维护国家安全，可以提高国家的影响力和地位，保障国家的繁荣和稳定。因此，在拓展和维护海外利益时，需要注重与其他国家的良好合作和交流，确保自己的军事行动符合国际法和道德准则，这样才能更好地促进和平与稳定的国际环境。

六、海外人身利益

海外人身利益是国家对本国公民在海外的合法权益和人身安全的保障。海外公民的权益保护和人文关怀是国家实现对公民保护的一部分，涉及领事保护、救援、人道主义援助等方面。这些措施旨在保障海外公民的生命财产安全及合法权益。

领事保护是最常见的一种保护措施，包括为海外公民提供签证、护照和其他身份证件，以及处理海外公民在海外的各种法律和事务。救援是针对海外公民在海外遇到危难时（如被拘留、失踪、遇难等）的紧急救援措施。人道主义援助则是对于海外公民遭遇各种人道主义灾难（如自然灾害、疾病、战争等）时提供的帮助。

海外人身利益的保障不仅关注公民的个人安全，更体现了国与国之间的相互援助和合作，促进了国际关系的健康发展。同时，也增强了海外公民对国家的认同感和归属感。

海外人身利益保障也面临着一些挑战和问题，如文化差异、法律制度不同等。针对这些问题，国家需要不断完善保护机制和措施，加强对海外公民的提示和教育，提高海外公民的自我保护能力。

七、海外数据利益

在全球数字化时代，数据安全利益早已成为海外利益保护的重要组成部分。无论是政府还是企业，数据安全都是不可或缺的关键因素。面对技术日新月异的数码世界，各国都在积极采取措施，保护自身的数据安全。中国也不例外，加强数据安全已成为中国海外利益保护体系中的一个重要领域。

近年来，由于网络技术飞速发展，全球范围内的网络安全形势愈加复杂严峻。中国企业海外投资、承建基础设施以及海外华侨的重要数据和隐私也受到了越来越大的威胁。敏感数据成为一些黑客和网络犯罪分子的攻击目标。特别是在一些敏感领域，比如电信、金融等，遭遇网络攻击的风险更加严重。

数据安全问题不仅是企业和个人的问题，也是国家安全的重要问题。大规模的数据泄露，可能会造成极大的经济损失，甚至影响国家发展战略和国家安全。因此，中国政府积极参与全球网络安全合作，维护国家和人民数据的安全利益，支持多边合作，促进国际互信，推动全球网络安全事务规则化、制度化。

在中国政府的推动下，中国企业已经逐步加强了数据安全防范措施，并与国内外的网络安全企业和机构合作，研发并采用高品质的网络安全设备和技术。随着这些成果不断地被推广和使用，可以更加有效地保护中国的数据安全利益。

除了企业个体保护，国际合作也是推进全球数据安全的重要手段。政府之间、公司之间和学术界之间都需要相互协作，建立全球数据安全保护机制。数据安全共建共治、共享共荣的理念应成为推进国际利益保护的重要原则。在不断追求互利共赢的前提下，各国才能更加有效地应对网络安全风险和威胁，维护全球网络安全和经济稳定。

总的来说，数据安全利益已成为海外利益保护中的一个重要组成部分，在“一带一路”倡议的框架下，中国在全球数据安全合作中将发挥更大的作用。全世界人民需要更高效、更紧密地协作，携手共建和谐发展的全球网络环境，更好地实现数据安全利益的互惠共赢和共同发展。

综上所述，海外利益是国家利益的重要组成部分，这关系到国家发展和利益维护。海外利益是多方面、多层次的。一个国家需要积极拓展海外利益，在政治、经济、文化、科技、军事、人身、数据等领域，都需要采取相应的措施来保护和维护这些利益。在海外利益受到威胁或挑战的情况下，国家也需要及时采取措施，以保障国家安全和领土完整。各个国家之间的利益相互关联、相互影响，一个国家海外利益的获得与保护不仅关系到这个国家自身的发展，也关系到国际关系和全球发展的趋势。在拓展海外利益的同时，国家需要根据自身的情况、对外政策和国际环境等因素，制定相应的战略和策略。例如，在经济领域，一个国家需要发展自身实力，打造竞争优势，通过对外投资、扩大贸易等方式，获得更加广泛的市场和优良的资源，促进本国经济的发展。在文化领域，则需要加强文化交流、推广本国文化，吸引更多的人了解和接受本国的文化产品和理念，从而增加国际影响力和软实力。同时，为了保证海外利益的合法性和可持续性，国家还需要积极参与国际组织和国际合作，遵守国际法律和规则，促进国际利益的互惠共赢，为实现共同繁荣和稳定作出贡献。

第三节　海外利益保护指涉对象：全向

海外利益保护涉及的对象包括国家、企业、组织和个人。国家需要保护自身在海外的政治、经济、文化、军事等各个方面的利益，以维护国家安全和利益。企业需要保护自身在海外的投资、贸易、知识产权等方面的利益，以维护企业的发展和形象。组织需要保护自身在海外的运营、项目实施等方面的利益，以保障组织的存在和运营。个人需要保护自身在海外的安全、权益等方面的利益，以维护个人安全和尊严。因此，海外利益保护需要国家、企业、组织和个人之间的合作和协调（见图3－3）。

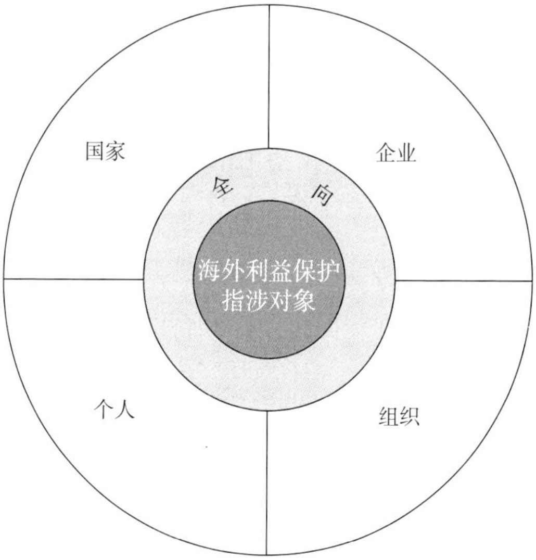

图3－3　海外利益保护指涉对象

一、国家

对于一个国家来说，海外利益通常是指国家在国际事务中的利益和影响力。国家在拓展和维护海外利益时需要考虑多个因素。除了政治利益、经济利益、安全利益，还需要考虑到文化利益、科技利益以及国家形象等。

政治利益是一个国家在海外需要关注和解决的重要问题之一。例如，对于自然资源不丰富的国家来说，海外的资源开发合作是重要的政治利益，需要寻求国际合作以获取资源。

经济利益是国家拓展和维护海外利益的重要因素之一。国家需要开展贸易和投资，获取资源和市场，以增加国际影响力和声誉。例如，对于中国来说，拓展海外市场是实现中国经济转型和升级的重要战略之一。中国通过“一带一路”倡议，开展经贸合作，推进基础设施建设，从而实现经济、政治和文化上的多方面利益。

国家在维护海外利益的过程中还需要考虑文化和科技利益。在文化方面，国家需要传播本国文化、推广文化产业、促进文化交流等。例如，中国的春节联欢晚会在海外的播出，让更多的海外民众了解和认识中国文化。在科技方面，国家需要加强国际科技合作、推动技术创新、扩大科技影响力等。例如，中国的“科技创新 2030”计划，旨在通过技术创新，以实现中国在科技领域的全球领先。

国家在拓展和维护海外利益的过程中也需要考虑国家形象的利益。一个国家的形象是国家软实力的重要组成部分，会直接关系到国家在海外的影响力和声誉。因此，国家需要通过积极的宣传和外交手段，塑造良好的国家形象。

二、企业

对于企业来说，海外利益通常是指企业在海外市场的利润和影响力。随着全球化的深入发展，海外业务已经成为许多企业发展的重要战略，海外利益的拓展和维护对于企业来说尤为关键。

合理规划海外市场对企业发展至关重要，因此，企业需要全面考虑当地市场环境，包括消费习惯、法律法规、商业环境等因素，为当地市场提供高质量、高效率、高信誉的产品和服务，以满足当地市场的需求。此外，企业还需要考虑到地缘政治因素，包括政治稳定性、关税和贸易制度等因素，以避免政治风险和贸易壁垒的影响。

文化差异也是影响企业在海外市场拓展的一个关键因素。企业需要深入了解当地文化和社会价值观，以调整自身产品策略和广告传播的方式，增强营销效果和市场适应性。此外，选择合适的商业伙伴和建立战略合作关系，可以更好地调动资源协同作战，增强海外利益的可持续性和竞争力。

企业还需要积极借助科技和创新等手段拓展海外利益。企业加强与当地企业和研究机构的合作可以促进科技资源共享和技术创新，推动产品和服务的不断升级和优化。同时，企业还可以通过网络和社交媒体等渠道扩大影响力，提高品牌知名度和美誉度，以增强在海外市场的竞争优势。

在拓展和维护海外利益时，企业需要注意社会责任和诚信经营。企业需要遵守当地法律法规和商业道德，保障当地员工和消费者的权益，以建立良好的企业形象和声誉。与此同时，企业需要积极投身社会公益事业，为当地社区和环境作出贡献，提高企业的社会责任感和品牌形象。

综上所述，企业的海外利益具有多方面的维度和层次，需要全面考虑当地市场环境、地缘政治、文化差异等多个因素，并利用科技和创新等手段拓展和提升利益。此外，企业还需要秉承诚信经营和社会责任等原则，建立良好的企业形象和声誉，以增强海外市场的竞争力和可持续性。

三、组织

对于组织来说，海外利益通常是指组织在国际事务中的利益和权益。组织包括政府间组织、非政府组织或国际机构等不同类型的组织。组织在扩大和维护海外利益时，需要考虑到自身特质和优势，以及组织间的协调和竞争关系。

对于组织来说，海外利益是一个广泛而复杂的概念，它包括组织在海外的政治、经济、文化、科技和人身方面的各种权益和利益。针对不同类型的组织，其海外利益涉及的范围和重点也会有所不同。

政府组织在海外利益方面的关注点主要围绕维护和协调国际关系，以维护国家的主权和利益。例如，联合国、世界贸易组织等政府间组织，在推行全球治理和国际法律等方面扮演着重要角色。政府间组织通常通过国际合作和协调来推进各方面的利益，如发挥调解冲突、援助和发展等多项作用，以加强国际秩序和维护全球稳定。

而非政府组织通常以捍卫特定议题或促进特定领域的发展为宗旨，如绿色和平、国际红十字会等组织。非政府组织利用自身的舆论引导力，对政府间组织和企业进行监管，以确保其行为符合社会公义和道德考量，并积极推进各种活动，从而保障和推进全球环境和人权保护问题。

国际机构则是一些独立的、为各种目的而设立的组织，如金融机构、国际智囊机构等，这些机构涵盖了各种联合国组织、非联合国组织和区域机构。国际机构通常在国际上开展各种活动，以协调不同国家和组织之间的关系，并为其会员国提供服务和资源支持。例如，世界银行是一个向各国提供发展筹资和贷款的金融机构，其主要目标是支持各国宏观经济稳定和可持续发展。

在扩大和维护海外利益时，组织需要确定自身的优势和发展重点，以确保在明晰并专注于优势领域的同时，扩大其海外利益。例如，环境保护组织可以重点关注衡量和促进生态可持续性的问题。同时，组织需要在国际上建立合理和稳定的关系，以推进海外利益的实现。强化提升组织与国家和其他组织间的合作，是促进国际利益挖掘和共赢的关键。组织也需要了解和适应国际政治、经济和文化环境中的变化，并根据自身的意愿和优势发挥影响力和竞争力。在与各类国际组织合作的同时，组织也要时刻关注和把握新的解决方案和策略、新的领导角色、新的规则和标准等，以维持组织和国际社会的和谐发展及更好地应对未来挑战。

综上所述，对于组织来说，海外利益是一个广泛且复杂的概念，涉及多重权益和利益。组织可以通过明确自身优势和发展重点，建立稳定且合理的国际联系，以适应全球变化和发挥竞争优势的方式，实现海外利益的维护和拓展。

四、个人

对于个人来说，海外利益通常是指个人在海外生活和工作的机会与权益。机会和权益包括很多方面，如职业发展、财富积累、文化体验等。个人在拓展和维护海外利益时，需要考虑到当地文化环境、法律规定等多个因素，还要注意个人与国家、组织及其他个人之间的关系。

随着全球化的深入发展，越来越多的人开始涉足海外，寻求更广阔的发展机会和更丰富的生活体验。海外文化环境的差异很大，因此了解并尊重当地文化习惯是成功维护和拓展海外利益的基础。同时，海外的法律法规也与国内有所不同，个人需要认真了解并遵守当地法律，以免由无意违反导致损失。

海外为个人提供了更广阔的发展空间和机会。但是，由于文化素养、语言能力、职业技能等因素的影响，个人在海外的就业和职业发展也存在一定的挑战。因此，选择合适的职业和行业，不断提升自身的职业技能和素养是拓展和维护海外利益的重要途径。

除此之外，个人与国家、组织和其他个人间的关系也对海外利益的维护和拓展产生了重要的影响。国家对海外公民的保护和支持，可以极大地提升个人的安全感和归属感，从而为个人海外利益的维护和拓展提供有力保障。组织和其他个人的支持和合作，也有利于个人在海外的职业发展和社交网络的建立。

在实际操作中，个人需要采取不同的策略和方法，以维护和拓展自身海外利益。首先，个人应该了解自身优劣势，并制定相应的目标和计划。其次，在平时的生活和工作中，个人需要积极参与当地社区和组织的活动，借助各种机会扩展社交网络。再次，在职业发展方面，个人需要注意职业技能和素养的提升，积极参与行业协会和职业培训。最后，个人需要保持积极、开放的心态，面对挑战和困难时保持乐观和坚韧，不断优化自身能力，不断拓展海外利益。

总之，海外利益是一个国家在海外各种利益领域的总和。维护和拓展海外利益需要考虑到政治、经济、文化、科技、军事、人身等因素。无论是国家、企业、组织还是个人，都需要对海外利益保护充分认识和了解，通过紧密合作，共同推进海外利益的实现。

第四节　海外利益保护参与主体：多元

传统海外利益保护的主体是国家政府和军事部门，但随着海外利益形式的多样化和人们对海外利益概念认识的转变，保护主体也应该向多元化转变。构建海外利益保护体系，国家层面负责搭建整体框架，建立相应平台，引导和支持不同层面的海外利益保护力量，而非单纯依靠政府力量事无巨细地包揽所有问题。多元参与主体包括国家机构、政府配合单位、民间组织、国际组织和承载主体。国家机构是海外利益保护的主要参与者，包括外交部、商务部、海关总署等，负责保护中国企业和公民的合法权益。政府配合单位包括银行、保险、海关等，需要积极配合国家机构的海外利益保护工作。民间组织主要包括华侨组织、中资企业协会等，需要发挥自身优势，协助国家机构完成海外利益保护工作。国际组织包括联合国、世界银行等，需要与国家机构合作进行海外利益保护。承载主体即中资企业，需要自觉遵守当地法规，合法行使自身权利。

构建海外利益保护体系，首先应该明确海外利益保护的多元化主体及其发挥作用的方向，从国家层面统筹、引导多元化主体共同打造海外利益保护体系；同时强调充分发挥民间力量优势，支持、鼓励成立非政府性质的专业海外利益保护公司，完善海外利益保护体系（见图3－4）。

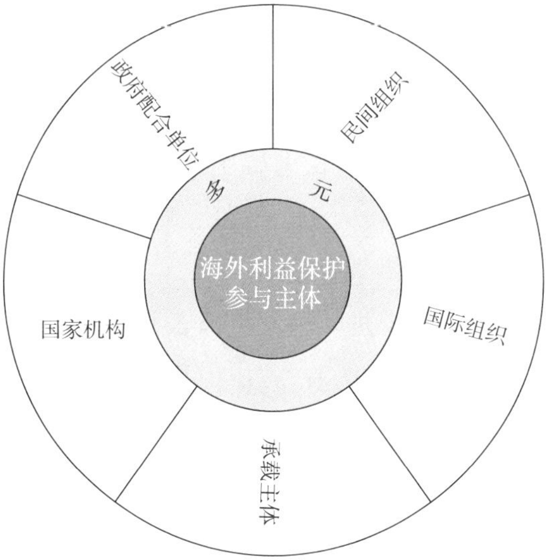

图 3-4 海外利益保护参与主体

一、国家机构

作为建立海外利益保护体系的多元参与主体之一，国家机构在维护海外利益方面发挥着重要作用，负责协调、管理和执行一系列政策和措施。在海外利益保护体系中发挥作用的国家机构包括国家职能部门和议事协调机构。国家职能部门发挥职能即从政府层面进行海外利益保护。例如，海外投资利益管理，除外交部，还涉及商务部、发改委、国资委等；海外安全保护，外交部、国家安全委员会、公安部、军方等以国家或政府的名义进行外交交涉或军事介入。国家职能部门是维护海外利益的必要主体，但并非唯一主体。长期以来，政府议事协调机构对于保障海外利益至关重要。同时，政府层面的利益维护具有一定的滞后性，缺乏灵活性和实效性，虽然动用了成本高昂的外交资源，但有时其作用会有局限性。

具体来说，国家机构在海外利益保护方面有以下举措。

第一，建立多级别的联络机制。国家机构在海外利益保护方面建立了多级别的联络机制，如针对不同地区和问题的海外领事机构和经贸办事处。这些机构的存在可以有效地为本国海外公民、海外企业提供安全保障和其他帮助。

第二，解决海外安全问题。国家机构在海外安全问题中发挥着重要作用，例如，在2015年也门暴乱时，中国政府派遣了多艘军舰护航撤离中国公民和3000多名外籍人士。此外，中国政府还会派遣紧急救援团队，为海外中国公民提供紧急援助。

第三，加强海外法律保护。国家机构要加强海外法律保护，建立海外商务法律服务平台、海外知识产权保护等机构。这样，海外企业能够更好地保护自己的合法权益，避免不必要的经济损失和法律风险。

第四，加强海外宣传和文化交流。国家机构要加强海外宣传和文化交流，例如，中国举办海外文化节、中外合拍电影和举办海外音乐节等活动，促进中华文化的传播和增强中方在海外的影响力。

综上所述，国家机构是建立多元海外利益保护体系中不可或缺的一部分。它们在解决海外安全问题、维护海外企业和海外公民合法权益、加强海外法律保护以及加强海外宣传和文化交流方面发挥着至关重要的作用。

在海外利益保护中，政府议事协调机构被视为维护海外利益的重要力量，其地位和作用不可忽视。政府议事协调机构主要指与海外利益保护有关的各个政府机构和单位，如外交部、商务部、公安部等。这些部门在海外利益保护中扮演着不同的角色和职责，它们的协调和配合起到了至关重要的作用。

第一，政府议事协调机构在海外利益保护中发挥着重要的协调和指挥作用。在面对复杂多变的海外形势时，它们能够协调各方资源、组织各种力量，帮助海外企业和公民应对挑战，同时向上汇报警情、向下传达政策等。这种协调和指挥能力显著提升了政府应对海外突发事件的效率和能力。

第二，政府议事协调机构在海外利益保护中发挥着维护良好形象的作用。作为对外交往的代表部门，外交部在海外利益保护中起到了宣传和维护对外形象的作用；在处理各种风险与挑战的同时，商务部致力于调节海外资源的合理分配等。

第三，政府议事协调机构的合作可以在特殊情况下为海外利益保护提供必要的法治保障。在较大的安全和财务风险下，如何寻求法律和卫生专业知识或协助是一个非常关键的问题，尤其是在海外监管机构定期进行执法检查时，海外利益保护部门需要提供相应的协助方案和应急措施。

第四，政府议事协调机构也承担着推进“以人为本”的海外利益保护的任务。政府协调部门通过政策引导和信息发布给予企业、民间组织及个人优质服务，鼓励企业和民间组织通过技术创新和投资等方式，增加在海外的投资或项目推进；同时设有专门的人员在海外驻点维护海外利益，以满足不同需求。

第五，政府议事协调机构在实践中扮演的角色和作用不仅局限于上述方面。在海外利益保护中，各部门的合作协调互动非常重要，一家单独运营的部门很难顺利处理一些重要突发事件。政府议事协调机构的有机协同配合，也是海外利益保护的必要方向与整合力量。由此可见，政府议事协调机构是海外利益保护不可或缺的一部分，其重要性与作用不容忽视。

在建立完善的海外利益保护体系方面，政府协调部门起着至关重要的作用。只有加强各部门的合作，充分发挥各部门的作用和优势，才能更好地保护海外利益和形象，实现国际和平、稳定、共同发展的目标。

二、政府配合单位

政府配合单位在海外利益保护中发挥着极为重要的作用。银行、保险、海关等在海外利益保护中扮演着重要的角色，它们需要积极配合国家机构的海外利益保护工作，确保国家利益得到最大限度的保障。

银行、保险等金融行业的代表，通过提供贷款和保险等金融服务的方式支持企业在海外的投资和经营。通过与海外中资企业进行密切合作，它们能够及时掌握海外企业的经营情况，为企业提供全方位的金融支持，并在保险赔付、资金划转等方面发挥作用，保护企业的合法权益。

海关是国家贸易、出入境和物流管理的重要机构，承担着海外进出口货物的监管和海关报关等相关工作。在海外利益保护中，海关需要积极维护国家利益，加强对进出口贸易的监管，严格查验货物，打击走私、贩卖假冒伪劣商品等违法行为，同时协助企业应对海关的相关问题和挑战。

由于海外利益涉及局面繁杂，仅靠政府部门无法满足海外利益保护的管理需求。涉外事业单位、对外服务单位、非营利协会、海外利益保护相关的科研单位、教育机构等都是为配合、补充政府职能部门而设立的，在海外利益保护过程中，各政府配合单位配合政府职能部门，对政府职能部门的管理工作是一种很好的补足与完善。它们通过对外交流、文化交流和人才培养等方式扩大本国在海外的影响力和话语权。例如，中国在海外的文化中心、教育机构和中资企业协会等，都发挥着推进文化和经济交流的重要作用。它们通过举办文化活动和培训课程，加强了中外人员的沟通和交流，促进了中国与其他国家的友好合作关系，为中资企业的海外经营提供了保障。

总的来说，政府配合部门在海外利益保护中发挥着不可替代的作用。它们发挥各自领域的专业优势，为本国海外利益保护提供了重要的支持和保障。在今后的海外利益保护工作中，应进一步加强政府配合部门之间的协调配合，以此实现资源共享，为海外利益的顺利发展创造更加有利的条件。

三、民间组织

在海外利益保护体系中，民间组织是一个非常重要的参与主体。它们不仅可以有效地辅助政府机构完成任务，还可以充分传递本国声音，展现本国形象，增强本国在国际社会的影响力。

民间组织是一个广泛的概念，包括非营利组织、行业协会、商会、宗教组织、文化和旅游组织等。这些组织拥有不同的资源和社会地位，可以从经济、政治、文化等各个角度参与到国际事务中，发挥不同的作用和影响力。

在海外利益保护中，民间组织可以担任多个角色。它们可以作为中资企业的支持者和倡导者，推动中资企业在本地市场上的发展，维护他们的合法权益。同时，它们也可以为华侨提供帮助和保护，在海外生活和工作中担任重要角色。此外，民间组织也可以通过多种方式帮助政府机构解决海外利益保护中的问题，提供情报和风险预判，对应急措施提出建议，支持政府机构在外交和领事保护等方面进行工作。

以“一带一路”建设为例，民间组织在海外利益保护中发挥着重要作用。中国非常注重文化交流和各国人民间的友好往来。当地华人华侨和友好人士的力量是非常强大的。民间组织可以结合本地文化、历史和风俗习惯，为企业提供市场情报和信息，积极策划文化活动，促进中华文化在当地的传播和接受。它们也可以积极参与当地社区建设和公益慈善事业，提升中国的国际形象，加强与当地民众的通力合作。

在中国积极参与全球化的浪潮中，民间组织已经成为海外利益保护的重要力量。在国家机构和政府配合单位的努力下，民间组织也在为中国走向世界、为中国企业在海外的发展提供有力的支撑。以下是一些民间组织参与海外利益保护的案例。

> **同乡会和侨联组织**：这些组织由海外华侨自行组建，虽然不属于正式官方机构，但能够通过自身优势，为海外中国人和中资企业提供各种有效的帮助。例如，2015 年也门撤侨行动时，中国同乡会、侨联组织和华侨华人积极响应，自发组织，为中国政府护航和驰援工作提供了很多有力的支持。
>
> **公共利益组织**：这些组织通常关注文化、环境和社会问题，能够在海外传播中华文化，增加中国在国际舞台的影响力。例如，中

国文化中心就是一个向海外推广中华文化的公共利益组织，它们在海外各地开设文化讲座和活动，积极宣传和推广中华文化，同时向世界展示中国的文化特色和良好形象。

专业性组织：例如，在国内知名的人权组织中国维权律师团队的带领下，一些律师处理了海外人权相关案件，如中国艾滋病病毒感染者和艾滋病毒疫苗受害者的维权案件等。

民间组织参与海外利益保护工作的方式多种多样，它们通过自身的专业性、组织力量和宣传力度，为维护本国企业和本国公民在海外的利益发挥了积极作用。面对海外的复杂形势和环境，这些民间组织需要不断提高自身素质，扩大合作范围，使自己的参与为更多的人接受和认可。

总的来说，民间组织作为海外利益保护的多元参与主体，可以通过不同的方式发挥作用，推动本国积极参与国际事务，以实现多赢。因此，国家应该加强对民间组织的支持和培养，建立有效的合作机制，充分发挥民间组织在海外利益保护中的作用。

四、国际组织

国际组织在海外利益保护中的地位日益重要。国际组织具有独特的资源和影响力，能够提供多方面的支持和帮助。联合国及其附属机构、世界贸易组织、国际货币基金组织等国际组织和机构都具有丰富的经验和专业知识，可以提供法律、政治、经济、安全等多元领域的支持。此外，国际组织与很多国家和地区都有广泛的联系，能够在维护海外利益时提供更加全面的支持。

国际组织参与海外利益保护的作用非常重要。国际组织可以在多个领域发挥作用。例如，联合国可以通过制定国际法律法规来保护海外企业和公民的合法权益，世界卫生组织可以协助海外公民应对疫情问题，世界知识产权组织可以维护知识产权在海外的合法权益。此外，在某些具有国际性质的事件中，国际组织也可以与各国政府进行合作，共同应对这些威胁。中国海外利益保护案例中，国际组织的参与发挥重要作用的案例有很多。

联合国维和行动：在一些海外国家出现紧急情况时，中国政府派出维和士兵参加联合国维和行动，保障本国公民和在当地中资企业的安全。例如，在南苏丹外交事务坐标线冲突爆发时，中国政府派遣了一批维和士兵参加联合国维和行动，为中国的海外利益保护提供了重要的支持和保障。

国际商会：作为全球性、独立性的商业组织，国际商会在海外利益保护中扮演了重要的角色。例如，2014 年，某地海外华侨面临政治纷争导致的安全风险时，国际商会就组织了一批专业的安全人员前往现场，为中资企业提供安全保障。国际商会的介入，为中资企业在海外的安全保障提供了一定的支持和帮助。

世界银行：作为国际金融机构之一，世界银行在海外利益保护中也发挥了重要作用。例如，在东非国家出现疫情时，世界银行就积极向当地的中国公民提供基本的医疗物资援助。在中国应对海外危机、开展人道主义援助等过程中，世界银行发挥了积极的作用。

可以说，国际组织在中国海外利益保护中发挥了重要的作用。随着中国在世界事务中地位的日益提升，与国际组织的合作和对话也将更为深入。国际组织参与中国海外利益保护的意义十分深远。中国作为一个负责任的大国，在繁荣发展和促进全球合作中发挥着越来越重要的作用。国际组织的参与有助于维护中国在国际事务中的合法权益和地位，并使中国在全球的影响力和话语权得到提升。此外，国际组织的参与也有助于推动全球治理体系变革，让国际组织更加贴近全球需求和现实，更好地实现联合国宪章所规定的国际合作和共赢。

总之，国际组织参与海外利益保护是一个十分重要的事情。在全球化和多极化的背景下，国际组织的作用和地位更加凸显。各国应当充分发挥自身优势，与国际组织深度合作，推动构建更加公正、合理、包容、共赢的国际体系，为人类命运共同体建设作出贡献。

五、承载主体

海外利益承载主体是指那些在海外经济活动中发挥着重要作用的海外企业、海外公民和海外学子等。作为海外利益的承担者，它们承载着企业的品牌形象和国家形象，也承担着风险和责任。

海外利益承载主体在海外利益保护中具有至关重要的地位和作用。首先，它们直接参与了海外经济活动，促进了各国与世界各国的经济合作。其次，它们承担了风险和责任，需要在外国政策法规和文化背景中谨慎行事，遵守当地法律法规，保护各国企业合法权益和维护各国形象。最后，它们还是海外影响力的重要代表，通过积极的外交宣传和社会责任活动，增强了各国的软实力。

举例来说，中石油、中石化、中海油等国有企业在海外的能源投资，光大、建设、农业等银行在海外的金融业务，华为、中兴、小米等通信企业在全球的市场竞争，都是中国海外利益承载主体的代表。此外，海外的中国留学生和华侨华人也是海外利益的重要承载者，他们在学习、生活、工作等各个方面对中国的形象产生着重要的影响。下面将分析几个海外利益承载主体参与海外利益保护的案例。

> **中海油南海争端：**2014 年，中国国有企业中国海洋石油集团有限公司（以下简称中海油）在南海钻探石油资源时，遭到了越南的军舰袭击。中海油全力保护自己的资产和员工，并得到了中国政府的支持。中国政府向越南政府提出抗议，同时加强了南海地区的军事部署，保障了中海油的利益。

中海油作为中国在海外的代表，其遭遇的安全问题也是中国的安全问题。中海油积极参与到海外利益保护中，建立了覆盖南海的海上保安部队，执行安保护航和监测任务，加强了海上安全保卫的能力。

华侨遇袭事件：2019 年 3 月，新西兰发生该国历史上最惨烈的枪击事件，造成 50 人死亡，其中包括多名华人和华侨。中国政府向新方提出抗议，同时积极救助伤者，安抚遇难者家属，展现出其强烈的责任感。

作为海外利益承载主体，各国海外公民所遭遇的安全风险和灾难也会影响本国的形象和利益。在遇到安全问题时，海外公民应积极与当地政府和社区合作，加强安全意识和防范能力，同时要与本国政府和本国企业保持联系，以得到及时的支持和援助。

各国需要加强对海外利益承载主体的支持与引导，建立健全的保护机制，提高本国海外企业和本国海外公民的防范意识和应对能力，实现合作共赢。同时，要加强对海外利益承载主体的公民教育和培训，提高其国际化素质和文化适应能力，推进各国文化与世界文化的交流互鉴。

第五节　海外利益保护十道防线：立体

海外利益保护包括十道防线，涵盖了海外利益的多个方面。十道防线层层递进，相互穿插，形成立体海外风险防控和海外利益保护体系。

立体保护体系的十道防线分别是文化软实力保护、法律保护、情报与风险预判、金融与税务保护、信息与数据安全保护、外交与领事保护、国际协作、舆论与宣传、民间安保力量保护、军事武装力量保护。文化软实力保护需要运用本国形象进行海外宣传，增加本国在国际舞台上的影响力。法律保护需要建立起完善的法律体系，维护本国海外企业和公民的合法权益。情报与风险预判需要通过情报分析，提前预判海外安全风险，并做好防范工作。金融与税务保护需要确保本国企业在海外的经济利益受到保护。信息与数据安全保护需要防范网络攻击和信息泄露事件，确保海外敏感信息的安全。外交与领事保护需要协助本国海外企业应对国际纠纷和突发事件。国际协作需要加强与有关国家和国际组织的合作，共同维护海外安全稳定。舆论与宣传需要增强本国在海外的宣传，提高本国的国际影响力。军事武装力量和民间安保力量需要进行安全保护工作，维护海外公民的安全（见图 3－5）。

下面将以中国为例，详述这十道防线。

第一道防线：文化软实力保护

在海外利益的立体保护体系中，文化软实力保护是第一道防线。以中国为例，在此防线中，中国需要积极传播和弘扬中华优秀传统文化，以增强自身在国际事务中的文化软实力的影响力。

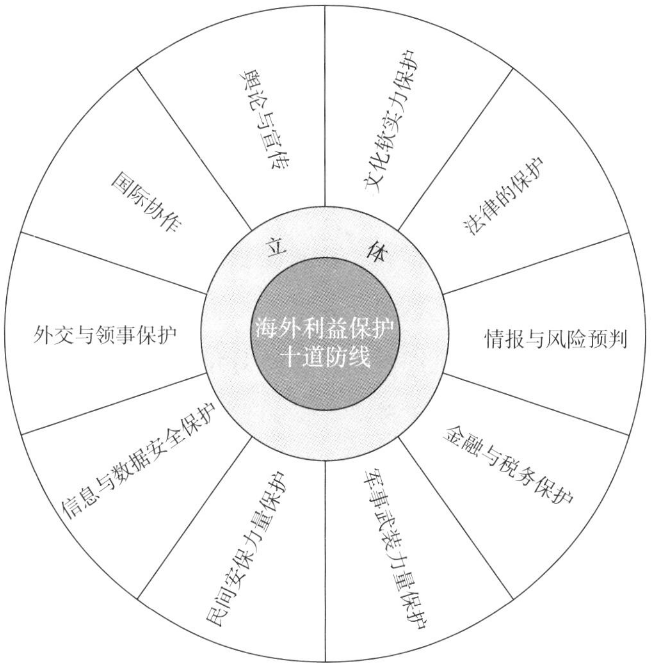

图 3－5　海外利益保护十道防线

文化是国际社会的一股柔性力量，同质文化是促进海外利益生成和发展的驱动力量，异质文化则是阻碍海外利益维护与实现的障碍。各国人民对于道德、友善、价值观等问题的理解是相通的，这正是各国对外沟通的基础。在中国“走出去”的过程中，海外利益文化软实力保护是十分重要的一环。通过打造良好的品牌形象、传播中华优秀传统文化、促进文化交流等措施，可以有效加强中国在国际舞台上的话语权和影响力，为中国企业在海外市场的发展提供有力支撑。

中国和秘鲁成立联合智库事件：2016 年 11 月，秘鲁国立工程大学和中国人民大学法律与全球化研究中心共同成立联合智库“中－秘命运共同体研究中心”，落实加深两国全面战略合作伙伴关系。中心还将成立规划与经济发展、海洋战略与科技、城市发展、新能源、中秘文化、公共安全等专业研究院所，调动两国各地方政府和企业的优势资源，积极促成中、秘各民间组织间的发展合作及经贸合作。

北京举办园艺博览会：北京世界园艺博览会（以下简称北京世园会）。是中国举办的首次大型国际园艺博览会，也是一次重要的海外利益文化软实力保护活动。在此次北京世园会上，展示了世界各地的园艺作品，更展示了中国园林文化的魅力。北京世园会期间，最受关注的当属中国馆。这座建筑展示了很多传统中国建筑的元素，如建筑的外墙上采用了水墨画风格的图案，内部则运用了当代设计元素，整体效果营造出了传统与现代相融合的氛围。中国馆展示了自然、人文、艺术等多方面的园林文化，尤其是广泛收集了大量国人和海外华人的园艺文化作品，具有十分强烈的文化认同美感。这样的表现方式十分具有感染力和吸引力，不仅让世界各国人民看到了中国的园林文化，也让他们更加了解了中国文化的深度和魅力。

中日韩文化交流及书画展：丝路国际公益基金组织了数次中日韩文化交流及书画展，对加强中日韩文化交流和推广中国文化产生了十分积极的作用。在展览内容方面，中国书画展展示了大量优秀文化艺术作品，包括独具中国特色的书法、山水画、花鸟图、漫画等，都体现了中国优秀艺术家的深厚造诣和扎实的基本功，展示了中国的文化艺术底蕴。

中国电影的国际影响力：中国电影在国际上的影响力也是中国海外利益文化软实力保护的重要组成部分。随着中国电影行业的不断发展壮大，作品数量和质量都得到了极大提高。目前，不仅仅在亚洲地区，甚至在全球范围内，中国电影都拥有着十分广泛的受众群体。近年来，中国电影取得了多项国际大奖，如戛纳电影节、金球奖、奥斯卡最佳外语片等，说明了中国电影在国际上的影响力和实力。

作为一个拥有久远文化底蕴的国家，中国拥有着独特的文化优势。传承中华优秀传统文化是中国人民的历史使命，而弘扬中华优秀传统文化也是中国扩大影响力的重要手段。通过海外文化资源的开发和建设，中国可以推广汉字、孔子文化、中国戏曲、中国武术、中医等传统文化元素，让外界了解中国文化的多样性和精髓。

同时，文化交流也是推动国际合作的重要手段。加强与其他国家的文化交流，不仅可以促进互相了解和尊重，也可以促进共同发展。例如，针对“一带一路”沿线国家的“文化中国”之旅、文化展览和文艺演出等活动，便是不错的推广方式。而且，这些活动不仅有利于扩大中华优秀传统文化的影响力，也可以拉近中外关系，促进中外人民的友谊。

在文化软实力保护中，媒体的作用也尤为重要。通过新闻媒体、官方媒体、社交媒体和网络传播等手段，向世界宣传中国的声音、展现中国的形象、推广中国的文化元素和中国的发展实力，都是很有必要的。在海外，中文媒体、中文网站和海外中文广播电视台也是推广中华优秀传统文化、增强中国影响力的重要渠道和平台。

需要注意的是，在传承弘扬中华优秀传统文化的过程中，我们应该尊重和保护好其他文化，并在进行文化交流的时候坚持文化多样性原则，这样才能使中国海外利益保护的文化软实力防线更加牢固。

综上所述，文化软实力保护是中国海外利益立体保护体系中的第一道防线，也是推动中华优秀传统文化的传播和弘扬、增强中国影响力的重要手段。文化元素是创造中华文明的重要组成部分，保护传统文化与推广当代文艺的关系需要更好地平衡和协调。为此，我们需要始终坚持中华文化的传承和弘扬，并以此为基础，加强中国与世界的文化交流、扩大国际影响力、促进国际合作，实现共赢发展。

第二道防线：法律的保护

法律保护是各国海外利益保护体系的第二道防线，对维护各国海外企业和海外公民的合法权益、促进经济发展、增强海外形象等方面都起着至关重要的作用。海外利益是各国在参与国际事务、开展对外交流的过程中产生的，因而具有契约性，应当受到国际法和国际规制的承认和保护。

仲裁制度在解决国际争端中有较大优势，在“一带一路”倡议的背景下，要用更先进的制度建立新型的海洋争议仲裁机制，在裁决规则的设定、仲裁庭的组成方式、仲裁人员的选取等方面进一步增加各国的代表性，以促进争端解决的公平性。仲裁人才储备培养上，推进中国仲裁员去沿线国家担任仲裁员，加强与沿线国家仲裁机构、律师协会等专业机构的合作对话。

目前，绝大部分的海外利益争端尚未上升到必须依靠绝对军事力量予以维护的级别，因此，依然需要更多地凭借外交和法律手段来维护海外利益。这就需要培养更多的海外法律专业人员，法律人员不仅要懂国内法律、在国内执业，而且要熟知不同国家的法律与政策。海外利益保护需要设法在当地培植深厚的社会根基，对于企业而言，面临海外风险，应该强调依靠法律手段的意识，习惯入乡随俗地聘请和使用当地的律师。

法律保护包括许多方面，涉及国内法律体系的完善和对海外法律环境的了解。首先，国内的法律保护需要从立法、司法和执法三个方面入手。国家在海外利益保护方面需要加强立法，明确本国海外企业、本国海外公民的权益和保护措施，同时制定一系列海外安全风险指南。司法机关应该加大对本国海外企业和公民的司法保护力度，有效防范汇率风险、海外投资风险和交易风险。执法机关也需要发挥作用，加强对海外违法行为的打击力度，维护本国海外企业和公民的合法权益。其次，了解和熟悉海外法律环境也是必要的。不同国家有不同的法律和法规，需要了解目的地国家的法律体系和法律环境，加强风险管理和危机处理能力。在与国际伙伴的合作中，建立双边、多边法律保护机制也非常重要。例如，在中美两国之间建立相互协助机制，实现对企业的海外法律保护。

除对国际法律体系的了解，各国还需要制定和完善企业的合规制度和海外捐赠制度。制定合规制度可以有效规范企业经营行为，避免不必要的法律纠纷和损失；而海外捐赠制度可以更好地促进文化的传播和宣传。

针对海外利益保护体系中的法律保护，中国政府已经在多个方面采取了行动。例如，在海外安全事务中，中国政府已经加强领保机制，提高中国驻外使领馆的服务水平，同时严格落实出入境管理、警务合作等事宜。此外，中国政府也建立了一系列涉外法律援助机构，为中资企业和华侨提供法律保护和援助。

印度声称中国企业逃税事件：2018 年，印度国家税务局发布了一份声明，声称中国企业涉嫌逃税，要求中国通信设备制造商华为与中兴通讯停止向印度公司销售产品。作为全球最大的电信设备制造商之一，华为在印度的市场份额已经很大了，同时中兴通讯也在印度拥有一定市场优势。此消息一出，立即引起了华为和中兴通讯的高度关注。为了保障自身的合法权益，两家企业选择采取法律手段维护自己的权益。在此背景下，华为与中兴通讯立即寻求了中国政府的支持。中国政府通过针对印度的反击行动，阻止了印度税务局有关华为和中兴通讯的调查，同时还进行了外交斡旋。与此同时，中国还在国内法律方面采取措施，如制定相关法律和规章，加强了对中资企业和华侨的保护。

通过这个案例可以看出，法律保护在中国海外利益立体保护体系中确实起到了至关重要的作用，是搭建海外利益保护体系的基础和保障。在国际商业活动中，各个国家之间都存在复杂的法律条约和标准，这就使法律保护更为重要。

此外，法律保护还可以影响到中国在海外的形象和声誉。通过维护中资企业和华侨的合法权益，中国在世界上的形象将更为积极，同时也表现出了中国作为一个负责任的大国的态度。经过法律保护，中国有机会取得更多的权益、进行更好的合作，这对“一带一路”倡议以及国家的经济发展至关重要。

第三道防线：情报与风险预判

在当前国际形势错综复杂、风险挑战多重的背景下，加强情报与风险预判工作更为迫切。建立海外利益立体保护体系，需要全面且精准地分析和评估海外风险、做好风险预判与辅助决策。因此，情报与风险预判也是中国海外利益保护体系的重要防线。

第一，情报的重要性。海外情报是海外利益保护工作中的重要基础，是实现多元立体保护的关键。情报既包括政治情报、经济情报、军事情报等，也包括潜在威胁预警、反间谍预警、突发事件预警等诸多方面。情报的收集与分析使海外利益保护者可以掌握海外形势，协助制定决策和开展行动，提高保护效果。情报工作需要权威数据的支撑，这就意味着情报工作者必须拥有专业的知识和技能，并且时刻保持警惕，能够从各种渠道收集信息。情报工作既需要掌握基本技能的人才，也需要具有深度、特长和创新的专业人才。

第二，风险预判与评估。海外利益保护的核心是风险控制，因此，做好风险预判工作非常关键。风险预判需要把握全局、善于分析问题，同时能够综合运用多种分析方法。各国应从全面、深刻的角度，挖掘海外利益保护工作中存在的各种风险隐患，并从实际出发，对不同风险类型进行预判，为各方面制定出详细的风险应对方案。风险预判需要从多个方面入手，比如要对本地政治环境、经济趋势、文化特性以及社会安全等进行调查、收集和研究。还可以通过大数据分析、人工智能等现代技术手段，从多个角度进行预测和分析。同时也要重视实际调查工作，并使情报评估更为贴近现实。

第三，情报与风险预判的应用。情报和风险评估对于各国海外利益保护体系的有力推动非常关键。它们能够为政策制定、作出决策、危机应对和突发事件处理等工作提供重要信息支持。基于一定的研究和分析，海外利益保护机构能够更好地综合运用各种资源，制定高效的应对措施和危机方案，同时也能做好相应的预案准备和应急工作，最终提升海外利益保护的实力和水平。下面将通过案例分析，探讨情报与风险预判在维护中国海外利益中如何发挥作用。

> **亚丁湾索马里海盗劫持中国商船：**2015 年 3 月，一艘穿越亚丁湾的中国货船遭到了索马里海盗的袭击，并被劫持了数月之久。在此次事件中，中国政府派出了多名安全专家，利用情报分析和风险评估，全面了解海盗劫持的情况和可能出现的变数，规避风险和准确判断劫持船只的位置。在紧张的谈判中，中国政府与海盗达成了协议，成功解救了被劫持的中国船员，并追回了货物。

此案例表明，情报与风险预判是解决海外安全问题的重要途径。中国政府及时掌握了情报信息，以全面的视野和分析能力，有效评估了环境并采取了相应的风险规避措施。这一成功案例不仅保护了海员的安全，也保护了贸易和货物的安全。

> **中国游客在温布尔顿火灾中受伤：**2018 年，英国伦敦市区温布尔顿高尔夫球场发生火灾，部分中国游客也遭受了不同程度的损伤。中国驻英国使馆迅速行动，立刻启动了危机应对机制，为伤者提供紧急帮助，并处理相关事宜。同时，使馆积极与英国有关方面配合，及时调查了解火灾原因和人员伤亡情况，并对接海外中国留学生、商家、旅游者等。在此次事件中，情报的及时收集和相关部门的快速反应，为伤者提供了紧急救援和便利，使其能尽快得到治疗，并回国休养。

此案例展示了情报和风险预判在面对突发事件时的重要性。中国政府高度关注海外中国公民的安全，及时展开调查并采取扎实的措施，最大限度地减少了可能产生的负面后果。

作为海外利益立体保护体系的第三道防线，情报与风险预判在海外安全维护和应对突发事件方面具有重要的意义和作用。各国需要不断加强情报与风险预判的能力，及时、准确掌握各类情报信息，使其能够更好地维护本国海外公民与财产的安全。同时，应加强与国内相关部门的沟通与协调，进一步提高情报预测水平，有效维护并保护本国的海外利益。

政府和企业也应该注重人才培养，建设一支专业化、多元化、多语言的情报队伍和专业团队，不断提高情报预警和信息研究能力，为本国参与全球经济和政治事件提供有力的支持。

总之，建立海外利益立体保护体系，需要在情报与风险预判等多个方面进行深入研究与实践，以持续提高本国的海外利益保护能力，推动“一带一路”建设。

第四道防线：金融与税务保护

作为海外利益立体保护体系第四道防线，金融与税务保护已经成为各国政府关注的一个重点领域。金融与税务保护是指保障海外投资财产的安全，防范投资风险和税务风险。

以中国为例，中国政府在海外投资方面提出了一系列支持政策，涵盖投融资、信贷、贸易等多个领域。同时，国家税务总局也加强了对企业的督导，确保投资者的利益不受损失。在“走出去”的过程中，由于缺乏专业的金融、财税运作经验，中资企业、组织吃了很多“政策规定”“合同约定”的暗亏。来自金融、汇率变动、财税等方面的风险所涉金额巨大，带来的经济损失企业难以承受。因此有必要成立专业的、熟知“一带一路”沿线国家国情的金融财税咨询公司，为中国海外企业提供竞争所需的政治、金融、税务、财务政策分析与服务，并给企业提供突发金融财税事件的应急处置预案。

海外投资和跨国经营所涉及的金融和税务问题是非常复杂的，因此备足金融与税务保护工具也是至关重要的。从金融方面出发，对于海外投资的中资企业而言，其首先担心的是在海外无法获得融资。为了解决这一问题，中国政府需要鼓励国内金融机构进入发展中国家，开展相应的金融业务，并保障相关业务的顺利开展。此外，中国政府需要支持国内企业在海外建立多元化的金融业务与渠道，进而提高海外中资企业的国际金融能力和议价能力。同时，完善海外风险投资机制，协助企业在海外投资定价、估值、信息披露等环节管理风险。

针对海外中资企业的风险，中国政府还建立了相关的行业信用保险和出口信用保险体系。这些保险机构对海外中资企业的海外投资起到了至关重要的作用，为它们提供了风险保证，同时推动了国家和地方政府的投资行为。

在金融方面，中国政府还积极协商签署双边投资协定，提供决定性支持和监管保障。同时，国家外汇管理局也推出多项措施，促进离岸人民币①市场的健康发展，为中国企业日渐增多的海外投资所需的资金流动和管理提供了保障。

从税务方面出发，税务政策的不同也将会让企业面临不同的挑战。为了规避海外税务风险，海外中资企业需要在海外设立合规的税务框架，建立与合适的税务机构的合作关系，推进合规的税务管理流程。中国政府同时也需要加强国际贸易方面的税务协调，通过双边税收协议的套用和履行，实现海外企业、人力和资产的税务合法合规。作为重要的税收管理机构，国家税务总局发挥着关键的监管作用。为了保护海外中资企业的合法权益，国家税务总局建立了涉外税收服务区。该服务区为企业提供涉外税收咨询、纳税指导、税务稽查等多项服务，协助企业规避税务漏洞和风险，为企业提供税务保护。此外，中国政府还需要配合从多边机构推动制定并完善海外投资和跨国经营方面的金融及税务规则与标准，进而消除国别差别造成的隔阂和畸形税负。

除了上述措施，中国政府还成立了一系列专业部门和机构来应对海外投资的金融和税务问题。例如，国内的银行和证券公司将协同海外同

---

① 离岸人民币（简称 CNH）是人民币实现资本项目下自由兑换前的过渡性制度安排。资本项目（Capital Account）是对经常项目（Current Account）而言的。两者均为国民经济核算时计量国际收支的科目。经常项目主要包括货物以及服务贸易收支、劳务收支和单方面转移等。资本项目是指因资本的输入和输出而产生的外汇资产与负债的增减项目，包括直接投资、各类贷款、证券投资等。

行进行投资，为企业提供有力的风险防范和保障措施。此外，中国海关和监管部门也进行了数字化转型，建立了完善的海关数据系统，以保障中资企业的海外贸易通畅。这些举措为海外中资企业提供了必要的金融和税务保障。2017 年，民营企业组织的调查报告显示，中资企业在“一带一路”沿线国家的投资虽受多重制约，但仍呈现出投资规模增长和多样化投资行为的态势，这是金融与税务保护工作的有力体现。

与其他防线相比，金融与税务保护对于各国海外企业的已有投资更为重要，是中长期维系中资企业利益的重要保障。为此，各国政府还需发挥自身的政策优势，在完善海外金融与税务保护工具的同时，加强与其他国家的沟通合作。只有在综合性、多层次的金融与税务保护体系的支撑下，各国海外企业才能更好地驰骋国外的“江湖”。

综上所述，金融与税务保护是各国海外利益保护立体防线的重要组成部分。在“一带一路”倡议的推进下，海外企业展现出了很强的投资活力。在这一过程中，金融与税务保障扮演了重要角色，保障了海外企业的合法权益和投资稳健发展。

第五道防线：信息与数据安全保护

数字技术和新一代互联网高速发展，信息与数据安全保护已经成为海外利益保护的重要方面，也是国家安全和外交事务的重要内容。在海外，各国企业和公民在投资和生活中需要处理海量数据，面对不同的风险。同时，海外信息和数据流通受到不同国家和地区的法律法规影响，面临着许多的风险挑战。

在这一背景下，各国需要建立立体保护体系来维护海外信息和数据的安全，并制定相应的法律法规，加强信息和技术安全管理，开展技术防范对策，同时加强舆情引导和宣传，增强海外形象和影响力。

第一，信息和数据安全保护面临的风险。在海外投资和合作中，各国海外企业和员工面临许多信息和数据方面的风险。其中最主要的风险包括网络安全问题、商业机密泄露、监视和窃听、虚假信息传播等。

网络安全问题是信息和数据安全保护面临的最主要的挑战。各国海外企业和员工在海外遇到了各种各样的网络攻击和威胁，如 DDoS① 攻击、黑客攻击、网络病毒等。这些攻击不仅会损害企业的声誉和利益，还会破坏企业的正常运行和生产。

商业机密泄露是中资企业面临的另一个严重问题。这些机密包括企业的商业计划、技术和工艺秘密、合同和财务等。如果不加防范，这些机密信息就很容易被竞争对手、黑客和间谍窃取或泄露，使企业的优势和竞争力受到威胁。

监视和窃听也是各国海外企业和员工面临的常见风险。某些国家和地区的特工和情报机构可能会通过监听和窃取信息来了解和掌握企业的重要信息和技术，甚至对企业进行破坏和攻击。

虚假信息传播则可能会误导公众和投资者，影响企业的形象和声誉，损害企业的利益和权益。

第二，建立信息和数据安全保护防线。为了有效应对信息和数据安全风险，各国需要建立一个全面的、多层次的立体保护体系，包括以下三个方面。

制定法律法规和标准。各国需要在立法上加强信息和数据安全的保障，制定相关法律法规和标准，如网络安全法、数据保护法等。这些法律法规可以为各国海外企业和员工提供有效的合法保护和救济机制，防范和惩治网络犯罪和违法行为。

加强信息和技术安全管理。各国海外企业需要建立健全的信息和技术安全管理机制，加强对员工和合作伙伴的培训和管理，提高员工和业务伙伴的安全意识和技能水平。海外企业需要加强网络安全和数据保护，规范企业内部的网络使用和管理，提高系统和数据的安全性，确保敏感信息和数据不被泄露。

开展技术防范对策。对于网络攻击、黑客攻击和病毒攻击等，必须

① DDoS，全称 Distributed Denialof Service，意思为“分布式拒绝服务”。

采取技术手段进行防范和应对。例如，加强网络防火墙、数据加密和备份、设置安全门禁等技术手段，可以有效避免或减少信息和数据安全威胁。

第三，海外信息和数据安全保护案例分析。信息和数据的安全保护既包括技术手段，如防火墙、加密技术等，也包括法律手段，如国际公约、国际法等。在全域全向多元立体的海外利益保护体系中，信息和数据安全保护被赋予了极为重要的使命。

> **大数据安全监管：**针对中资企业在海外处理大量数据时遇到的问题，中国政府制定了一系列的法律和政策，来确保数据安全。例如，中国国家互联网信息办公室发布的《中国互联网公司境外数据传输安全评估规定》，要求中资企业在境外运营时必须对数据传输进行评估，以确保数据不会被地方政府或其他机构窃取。此外，在海外建立数据处理和存储中心时，中资企业也需要遵循相关法律法规，以确保数据的安全。
>
> **网络安全协定：**在信息和数据方面，与其他国家和地区的合作也是非常重要的。中国已经与一些亚洲和欧洲国家签署了网络安全协定，以确保信息和数据的安全并加强国际合作。2015 年，中国与俄罗斯签署了《中华人民共和国和俄罗斯联邦关于加强网络信息安全合作的协定》。该协定要求双方在网络安全领域建立相应的积极合作机制，共同维护网络信息安全，“防止那些突破网络信息安全，威胁国家安全、社会稳定和公民权益的活动的发生和扩散”。这种国际合作和大力加强的网络安全措施有助于构建对抗各种网络安全风险和威胁的国际网络空间。

信息和数据安全已经成为海外利益保护的重要一环。通过对案例的分析，我们可以看到中国已经在信息和数据安全方面取得了一些进展。中国不仅通过技术手段，还通过法律、政策、协定等多种方式来保护海外信息和数据的安全。面对网络安全的竞争与挑战，中国需要继续加强各种手段的协调，不断地更新防御技术，加强国际合作等，以使防线更加坚固。

第六道防线：外交与领事保护

外交保护是指一国在它的国民遭受另一国不法行为的损害，而那些国民的合法权益通过正常途径不能得到满足时，有权向其受害的国民提供保护。领事保护是指派遣国的外交、领事机关或领事官员，在国际法允许的范围内，在接受国保护派遣国的国家利益、本国公民和法人的合法权益的行为。外交和领事属于国家主权范畴，外交与领事保护是重要的国际交往方式，旨在运用外交手段解决海外中国公民和企业在不同国家遇到的种种问题，是国家权力的一项重要体现。随着“一带一路”倡议的推进，中国在海外的投资和合作不断增加，面临着海外利益保护的新形势和新挑战。因此，加强外交与领事保护，提高中国在国际事务中的话语权和影响力，成为中国在“一带一路”倡议中的一项重要任务。

随着“一带一路”倡议的实施，中国出境人数不断增加，同时愈加复杂多元的海外利益诉求也对外交与领事保护提出更高的要求。领事保护关注个体层面，在于保护个人的合法权益以及提供必要的协助和帮助；而外交保护的目标指向是国家层面的，当个体遇到严重问题上升至国家间利益冲突时，外交保护方介入与行使，外交保护是领事保护的延续和最高阶段。

外交与领事保护在中国海外利益立体保护体系中担任重要角色。如之前所提到的，在完善的海外利益立体保护体系中，外交与领事保护是中国在海外保护自身利益的重要防线之一。中国的外交机构和领事机构应该主动作为，全力以赴为中国公民和企业提供全方位、多领域、全过程的外交和领事服务，建立起广泛、紧密的海外联系网络。

中国在外交领域的工作一直以来都非常重视质量和效率。中国在外交领事保护方面采取了多种措施，其中包括加强外交和领事机构建设、优化海外地区布局、拓宽海外联系渠道、强化海外公民教育、完善领事保护法律体系等。中国外交部和驻外使（领）馆积极开展领事服务，通过为中国公民和企业提供法律援助、紧急协助等服务，有效维护国家利益和公民权益。此外，在重要国际问题中，中国通过外交途径提出自己的观点和建议，维护中国的主权和利益。近年来，中国海外利益保护在外交与领事保护方面有很多成功案例。

> **中国在外交方面的成功案例**：2019 年 10 月初，阿联酋黑石集团旗下的中东最大瓶装水公司 VALENTI 因资金问题无法支付中国工人工资。中国驻阿联酋使馆通过与有关方面的交涉，促成 VALENTI 向工人支付了欠薪，为 170 名华人工人讨回薪资。这一事件不仅是中国外交取得的良好成果，也是对海外华人的鼓励和支持。2016 年，南苏丹独立后因各种原因陷入内战，使当时仍在南苏丹的中国公民陷入了危险。中国外交部和驻南苏丹大使馆第一时间开展应急工作，并积极协调有关方面采取措施，为南苏丹的中国公民组织撤离之路，并顺利成功撤离。
>
> **中国在领事保护方面的成功案例**：2013 年 4 月，赴马来西亚的中国留学生小张被当地黑帮绑架。中国驻马来西亚大使馆立刻介入，积极与有关部门沟通协调，并最终把小张从黑帮手中解救出来。2014 年 7 月至 8 月，伊拉克北部局部地区爆发激烈战斗，形势十分危险。在此情况下，中国驻埃尔比勒领事馆协调撤离东风公司在当地的 300 余名技术人员和家属。领事馆通过筹措资金、设法租用国际通用航空、向伊拉克政府追加领事责任等多种方式，最终，通过调动军事力量成功完成中国公民的撤离。

总之，外交与领事保护在保护各国海外公民的权益方面能够发挥重要作用，对维护国家利益和海外公民权益具有积极意义。

第七道防线：舆论与宣传

在海外利益立体保护体系中，舆论与宣传防线也起到越来越重要的作用。

卢旺达大桥事件：在2019年卢旺达对中国建造的大桥提出质疑之际，中国在舆论上立即作出了响应，强调大桥的建造合法、合规，并且有助于卢旺达的经济发展。这个事件说明，及时的舆论回应能够在关键时刻传递正面信息，提升中国国际形象，维护中国的利益。

“巴基斯坦之声”电台的推广：在巴基斯坦，由于当地语言问题等因素影响，中巴经济走廊并没有得到广泛的认可。为了解决这个问题，中国中央广播电视总台在巴基斯坦设立了“巴基斯坦之声”电台。在中国和巴基斯坦的联合策划下，该电台介绍了巴基斯坦的文化、历史、地理，同时介绍中国的传统文化和现代化发展。在此过程中，“巴基斯坦之声”电台发挥着桥梁的作用，促进了中巴两国之间频繁、有效的沟通。通过电台的宣传，当地人对中国越来越感兴趣、越来越了解。这个例子很好地说明了舆论与宣传防线在海外利益保护中的作用。将中文翻译成当地语言，将中国的思想、文化和制度从不同角度展现给当地人。可以加强中华文化的传播和影响力，为进一步推广“一带一路”倡议建立更好的平台。

央视在“一带一路”沿线国家的宣传：中央电视台（以下简称央视）在“一带一路”倡议中的宣传颇受好评，充分发挥了舆论防线的作用。央视从不同角度报道了中国在“一带一路”倡议中所作出的贡献以及海外利益保护的成果。例如，2018年央视推出了“第一个剪彩，第二个收获”系列特别节目。通过采访活跃在拉美、非洲等地区的中国商界人士，报道了中国企业在海外的生产、营销和项目运营等不同方向、不同板块的保护工作，广泛地报道增强了中国企业在海外的形象，为中资企业的海外开拓赢得许多好处。

中国留学生提供的“民间宣传防线”：中国留学生在海外的宣传和推广工作具有非常重要的作用。他们可以通过直接或间接的方式，宣传中国文化和创意，展示中国文化的独特魅力，提升中国的文化形象。同时，中国留学生也是海外中国企业在当地市场上的重要推广人员。2020 年，面对新冠疫情带来的各种困难，中国留学生充分发挥了“民间宣传防线”在海外利益保护中的作用。他们通过各种渠道传播中国对疫情的处理方式和举措，同时也为当地人提供了实战性的康复方案和经验。在此期间，中国留学生展示了中国年轻人积极进取、团结协作、勇于担当的精神风貌，为中国在海外的形象和影响力赢得了诸多正面评价。

舆论和宣传在海外利益保护中的作用是非常重要的。一方面，舆论和宣传可以帮助各国在海外传递正面信息，提高国际社会的了解和认知，从而有助于改善国家的国际形象；另一方面，舆论和宣传也可以帮助处理海外突发事件，促进事件的妥善解决。此外，通过宣传和推广本土的文化和产品，还可以加强本土文化的传播，推动本国文化走出去。各国通过各种渠道向世界传播中国制度和文化优势，展示本国形象和品牌形象，可以让当地群众更好地理解本国，不断提升本国的软实力和国际影响力。

为了进一步提升海外利益保护中舆论和宣传防线的效果，各国可以考虑以下几点建议。

第一，加强对外宣传的投入。由于海外利益保护是长期的，因此需要大力加强对外宣传的投入，提高本国的国际形象。同时，增加对本国文化和产品的宣传，既可以推广本国文化、推动文化出海，也可以促进本国产品走向国际市场。在近年来的中国外交工作中，工程师、医疗队等群体在海外传递正能量的方式，也是值得借鉴的。

第二，网民力量的扩大和培养。各国网民的规模庞大，是舆论阵地的一个重要主体。在海外利益保护方面，可以通过大规模的线上宣传和网民的强烈参与，扩大本国在海外的正面形象，反制错误的言论，特别是虚假的言论以及有害的言论。

第三，在大的策略上更注重话语权。各国在制定海外利益保护策略时，需要注重在大的策略上提升话语权。具体而言，可以在国际媒体上发布本国的主张和立场，增加本国对国际社会的影响力。同时，可以通过签署国际公约和加入国际组织，增加本国在国际事务中的话语权。

总之，舆论和宣传能够为各国海外利益保护提供有力的支持，促进各国海外利益得到更好的保护。因此，各国需要进一步加强对舆论和宣传的引导和管理，加强对舆情和网络安全威胁的处理，提高舆论和宣传的效果，为本国海外利益保护工作提供更好的支持。

第八道防线：国际协作

国际协作作为海外利益立体保护体系防线之一，发挥了重要作用。下面就国际协作的成功案例进行分析。

中非合作论坛：中非合作论坛是一个中国和非洲国家之间的对话机制，在维护中非双方的海外利益方面发挥了重要作用。中国和非洲国家可以通过中非合作论坛，分享信息和经验，更好地应对海外投资中的风险和挑战。例如，2015 年中国驻非使馆在南苏丹遭遇恐怖袭击之后，中国与多个非洲国家政府部门合作，组成了联合工作组，在大力救援、妥善安置人员，严厉打击暴力袭击行动中，受到非洲各国的赞誉。

中国—东盟自由贸易区：中国和东盟国家建立了自由贸易区，目的是扩大彼此之间的交流与贸易。两个地区的合作不仅可以促进经济发展，也能够在海外利益保护方面作出贡献。例如，很多中国企业在东盟国家设立了办事处或投资了项目，而本地的合作伙伴可以为其提供协助，以降低海外经营风险和成本。此外，中国和东盟国家还共同制定了一系列的规则和规定，以保护彼此的海外投资利益，比如建立了快速响应机制以应对海外投资争端和稳定金融市场等。

上合组织：上合组织是由中国、俄罗斯、哈萨克斯坦、吉尔吉斯斯坦、塔吉克斯坦和乌兹别克斯坦六个国家共同组建的跨国机构，旨在维护区域安全和稳定。上合组织成为中国海外利益保护的一个重要防线，多国合作可以有效维护各自的海外利益。例如，在2017年，乌兹别克斯坦发生恐怖袭击事件，上合组织成员国立即就此事件发表联合声明，谴责恐怖主义行径并承诺协助乌兹别克斯坦打击恐怖主义。上合组织成员国通力合作、互相支持，提高反恐能力，更加有效地捍卫了各自的海外利益。

通过国际合作，可以分享经验和资源，积极开展国际对话，防范可能对投资造成的海外风险，最终实现海外利益的最大化。国际协作在海外利益保护中具有不可替代的作用，各国需要充分利用国际组织以及多边和双边合作机制，共同推进海外利益保护工作。

第一，在多边机制方面，各国可以加强与联合国、世界贸易组织、世界银行等国际组织的合作，共同维护世界经济的稳定和发展。例如，在安全领域，可以加强与联合国的合作，共同应对国际恐怖主义、海盗袭击等安全问题；在环保领域，可以加强与世界自然保护联盟等国际组织的合作，在全球范围内推动环保事业的发展。同时，在国际规则制定方面，各国应积极参与相关组织的制定和修订工作，更好地维护自身利益和参与国际治理。

第二，在双边合作方面，各国可以加强与各个国家的合作，建立更加全面、良性、稳定的合作关系。通过加强地区间的经济合作，各国可以更好地维护自身的海外利益，推动区域内国家的共同发展。例如，在“一带一路”倡议中，中国与相关国家签订了多项合作协议，以推动地区合作和共同发展。

第三，民间组织和企业也可以成为海外利益保护的伙伴，推进国际协作。例如，各资企业可以加强与当地的组织和社区的合作，提高自身在当地的社会形象和影响力。民间团体也可以发挥积极作用，通过组织国际会议、参与国际合作等方式，提高自身在海外的影响力和议程的话语权。

需要注意的是，国际协作需要建立在平等互利的基础上，遵守国际法和国际准则。各国应不断完善自身的国际形象和信誉，在积极扩大国际合作的同时，坚持主权平等、互相尊重、互信互利的原则，与各国开展对话与合作，营造一个和平、稳定和繁荣的环境。

总之，国际协作是建立各国海外利益立体保护体系防线中不可或缺的组成部分。各国需要在多边、双边以及民间组织等各个领域加强合作，为维护本国海外企业和海外员工海外利益建立更加稳定、有力的保护体系。

第九道防线：民间安保力量

在全域全向多元立体的海外利益保护体系中，民间安保力量是具有重要作用的一个组成部分。民间安保力量在一定程度上能够弥补官方机构的不足，为各国的海外安全提供有效的保障。

民间安保力量是指由企业自行组织或通过第三方安保公司租赁的安保人员，以及作为中国公民的自卫力量。这些力量可以参与海外企业和公民的安全保护，在提供安全保障、情报分析、应对突发事件和安全培训等方面起到了重要作用。

在海外利益保护中，保障各国海外企业和海外公民的安全是首要任务之一，民间安保力量可以为企业和公民提供及时、有效的保护，帮助避免或减轻安全风险。

在 2011 年利比亚战争期间，为了保障中国公民的生命安全，中国政府派遣了部队赴利比亚解救中国公民，但在抵达时，已经有一些公民受伤甚至身亡。在此过程中，一些从事民间安保工作的企业和人员为中国公民提供了保护，避免更多人员受到伤害和损失。这说明，民间安保力量在海外利益保护中发挥了非常重要的作用。

中国在非洲的一些国家开展商业和投资项目，但由于安全环境不稳定，企业和员工的安全受到威胁。为了防范不安定因素，一些当地的中资企业自发组织了社区和治安保卫团体，维护当地的安全。这种形式的民间安保力量，不仅可以维护海外的中国商业利益，还能够维护当地社区的治安秩序。

民间安保力量的成功案例可以为海外利益保护提供宝贵的经验和借鉴。

中国保安联盟在南苏丹执行维和任务：为保障中国维和部队和南苏丹华侨的安全，中国组织了大批民间安保力量，中国保安联盟是其中最具代表性的安保组织。他们通过第三方安保公司租赁了许多雇佣兵，并为官方提供了物资服务和技术装备。当中国维和部队和华侨遭受了来自地方反政府武装袭击时，中国保安联盟的协助确保了中国人员和设施的安全，并为中国维和部队顺利完成任务奠定了坚实的基础。

中油海外安保团在也门救援行动中的表现：2015 年，也门发生了多次恐怖袭击事件。为了保护中石油等中资企业的员工安全，由中石油和中国海外建设公司联合成立的“中油海外安保团”派遣了一支 500 人的救援队伍奔赴也门。在此期间，该团队为中国驻也门大使馆、中资企业和侨民提供了海外安全保障服务，捍卫了中国的海外利益。

安程保险公司护航国际工程项目：安程保险公司逐渐加强自身的保安团队，组成了一个专业的、高效的保安队伍。在保护超过 20 个国际工程项目的过程中，安程保安队伍成功承担了防暴、押运、侦查、安保和应急等任务，提供了稳定的安全保护和保密服务。

民间安保力量在海外利益保护中具有诸多优势。首先，民间安保力量的灵活性和高效性比官方部队更具优势，能够迅速响应突发事件和紧急情况，并在最短的时间内提供有效的保护。其次，民间安保力量能够积极协助官方部队完成任务，提供更加全面的保护，从而保护各国海外企业和公民的合法权益。但是，民间安保力量也面临一些风险，如在执行任务时可能会因为管理不善而带来负面影响，甚至会引起外交纠纷和安全问题。因此，在发挥民间安保力量的同时，必须采取有效的管理措施和管理规范，加强其组织管理和专业素质，确保安保人员在执行任务时不影响本国的国家利益和形象，保证海外利益保护工作的顺利进行。

另外，民间安保力量也面临一些挑战和问题。首先，他们的行动通常会受到当地法律法规的限制，缺乏法律授权和依据，可能会触犯当地法律，导致问题产生。其次，民间安保力量往往缺乏专业化的知识和技能，无法进行高水平的安全保护和风险预测。因此，无论是当局还是民间安保力量，都需要建立更加高效和严密的合作机制，进一步增加投资和培训，加强专业人才的培养。

综上所述，民间安保力量在海外利益保护方面具有非常重要的作用。它们通过有效应对安全风险和突发事件，为本国海外企业和公民提供了稳定的安全保护，增强了海外利益保护的防护体系。但是，在行使民间安保力量的过程中应加强对风险的认识，把握好风险与收益的平衡，加强对民间安保力量的规范和教育，增强执行海外利益保护的能力与效率。

第十道防线：军事武装力量保护

军事武装力量保护是最后的防线，也是保障各国海外利益安全的重要手段。海外利益保护轻易不会诉诸武力，但面对一些非国家战争形态的海外利益威胁，如地区暴乱、恐怖主义、海盗和大型自然灾害等，只能靠武装力量去防控。中国历来奉行“不结盟、不称霸”的外交原则，不提倡采取海外准军事驻军模式。2013 年 4 月国务院发布《中国武装力量的多样化运用》白皮书，首次提出多样化运用武装力量，开展海上护航、撤离海外公民、应急救援等武装行动。目前中国共有 10 支维和部队在刚果（金）、利比里亚、黎巴嫩、苏丹、马里等联合国任务区执行维和任务。至今中国已累计派出维和官兵 2.2 万人次。中国维和部队是和平的守护者，更是友谊和文明的传播者。因此，中国新型的海外用兵，并非“霸权型”，而是“安保型”“维和型”。

军事武装力量可以在危急时刻提供快速反应和紧急处置能力，有效防范和遏制各种威胁和挑战。因此，在各国的海外利益保护工作中，军事武装力量的保护必须纳入全局考虑，与其他保护手段相辅相成，形成立体保护防线体系。

第一，在海外利益保护工作中，重点关注的是本国海外企业海外员工、留学生，针对这些关键目标，应该提高军事武装力量的战斗力和实战能力。这不仅要求提高装备，加强维护，也需要加强人员培训和练兵，提高应对突发事件和非传统安全威胁的能力。

第二，为维护海上利益，海军需具有一定的保护能力。如随着"一带一路"倡议的推进，中国海军将更加注意加强非传统安全领域的合作，维护海上安全环境，参与地区的紧急救援和运输维护工作等。此外，在建设海洋强国的过程中，中国海军将持续加强自身实力，进一步提高海上保护能力。

第三，在海外利益保护工作中，还需要加强军民一体化建设。通过整合军民资源，加强海外人员的联络和沟通，建立有效的信息共享系统，提高对海外局势的预判和掌握，以便进行更加有效和快速的反应。

第四，构建多边合作机制和联合防御体系，共同维护海上和地区繁荣稳定。如中国可以加强与东南亚、南亚、非洲等国家和地区的合作，通过建立安全对话机制、联合演习等方式，不断增强地区安全体系建设，共同打造和维护海上安全环境。同时，也应加强与国际组织、国际社会的合作，通过参与海上国际航运规则制定、维持国际公众安全等方式发挥积极的国际影响力。

作为海外利益立体保护体系中的一道防线，军事武装力量保护起着不可替代的作用。如在海外危机事件中，中国军事武装力量的快速反应和有效救援，保护和解救了中国公民和企业，赢得了广泛赞誉。下面，将通过对相关案例的分析，探讨中国军事武装力量在海外利益保护中的作用和意义。

2015年也门撤侨事件： 2015年3月，也门爆发冲突，中国人民解放军海军护卫舰“临沂”舰和“衢州”舰迅速赶也门执行撤侨任务。这是中国首次利用军事武装力量保护中国公民。此次行动共撤离中国公民594人、外籍人士416人和21个外国国家公民约380人。中国人民解放军海军承担了主要撤侨任务，赢得了广泛赞誉。

2017年埃及遇袭事件：2017年5月，包括中国公民和埃及警察在内的28人在埃及境内遭遇袭击，造成6名中国公民死亡。中国政府紧急调派埃及驻华使馆人员以及中方空军医疗队前往救助受伤的中国公民，并积极与埃及政府协调处理事宜。此次事件表明，军事武装力量的行动及时、有效，不仅保护了中国公民的人身安全，也积极参与了埃及的反恐斗争。

通过以上两起案例，我们可以看出，军事武装力量在海外利益保护中有着不可替代的作用和重要的意义。

军事武装力量具有快速、高效的反应能力，能够直接介入危机、战乱和灾害，在紧急时刻承担起救援、转移、保护等任务，全力保障中国公民和企业的人身安全和财产安全。军事武装力量在保护海外利益、应对海外危机中承担了重要的职责，增加了国家的安全感，加强了海外利益保护体系的立体性和综合性，提高了国家实力和安全利益维护能力。

总之，军事武装力量作为海外利益保护的重要防线具有不可替代的作用，是海外利益立体保护体系的重要组成部分。中国需要进一步加强军事武装力量的保障能力，加强预警预测、智能化作战等方面的建设，不断提高自身的海外利益保护能力，为维护自身海外利益和促进国际和平与发展作出更大的贡献。

第四章

“一带一路”新阶段
中国海外利益保护体系构建和运营

“一带一路”倡议是中国提出的重要倡议，旨在促进沿线国家之间的合作与发展。中国应综合运用外交、经济、法律和文化等手段，与沿线国家共同促进合作与发展，保护海外利益，实现共赢。

面对国内外复杂多变的形势，我们要切实提高海外利益的保护意识，增强海外利益保护的能力，促进经济持续稳健发展。具体而言，需要遵循“人类命运共同体”总体理念、合理的机制及管理原则，构建“一带一路”新阶段全域全向多元立体的海外保护体系，并采取有效的运营模式和实施路径（见图4－1）。

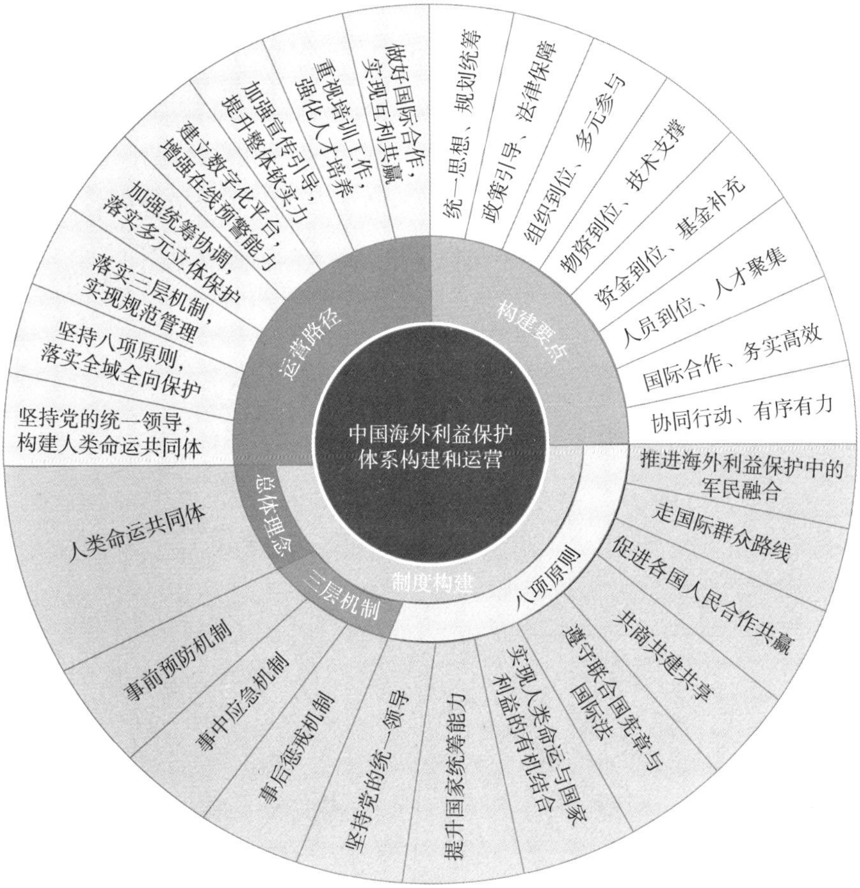

图4－1　中国海外利益保护体系构建和运营

第一节 中国海外利益保护体系的制度构建

中国海外利益保护体系的制度构建需要遵循“人类命运共同体”总体理念；需要建立并遵从三层机制：事前预防机制、事中应急机制和事后惩戒机制；需要遵循八项原则：坚持党的统一领导，提升国家统筹能力，实现人类命运与国家利益的有机结合，遵守联合国宪章与国际法，共商共建共享，促进各国人民合作共赢，走国际群众路线和推进海外利益保护中的军民融合。这些机制和原则将确保中国在海外利益保护方面的有效实践，为国家的发展和国际社会的和平与稳定作出更大的贡献（见图4-2）。

图4-2 中国海外利益保护体系的制度构建

一、总体理念：人类命运共同体

自古以来，国家与国家之间的关系就是一种竞争与合作的关系。作为一个国家，为了保证自身利益和安全，必须通过各种渠道与手段拓展海外利益和影响力。然而，随着全球化进程的不断深入，国家之间相互依存的程度也越来越高，海外利益保护将更加凸显人类命运共同体的理念和指导思想的重要性。

中国一直奉行“和平共处”“互利共赢”等外交原则，特别是“人类命运共同体”的倡议成为对外战略思想体系中的“顶层设计”，也成为逐渐被全球接受的“世界秩序观”。“人类命运共同体”是中国智慧贡献给世界的公共精神产品，也是中国海外利益保护的根本理念和指导思想。

人类命运共同体理念，强调各国在经济、政治、社会、文化等多个领域加强合作、携手前行。这个理念提出了合作共赢、发展共同体的思路，推动了全球治理体系和国际合作的发展，有利于实现各国共同繁荣和发展。

海外利益保护是人类命运共同体理念的延伸，实现海外利益保护需要倡导合作共赢和共同发展，推动国际合作与交流。海外利益保护涉及的领域非常广泛，需要国家之间相互协作。比如，政治领域，各国要全力维护本国的领土完整和国家主权，而这需要全球各国的支持与帮助；经济领域，各国之间要共同开展贸易和投资，共同维护自由开放的世界经济体系；文化领域，各国之间要加强文化交流和传播，共同维护人类多元的文化；科技领域，各国之间要推进技术创新和实践，共同推动科技的发展；军事领域，各国之间要加强军事合作，共同维护世界和平与安全；人身领域，各国要加强领事保护体系建设，保障海外公民的合法权益与安全，共同维护人民的人权、基本自由及尊严。

海外利益保护不是一件容易的事情。跨国企业及广大民众等走出去，就可以更好地服务和支持国家走向世界，关键是要加强国际交流与合作，推动人类的共同进步。在这个过程中，需要国家之间积极协同，保持对话，扩大和加深互信，共同防范并处理挑战和风险。

近几年来，国际社会对于人类命运共同体的建设更加认可和重视。中国提出的“一带一路”倡议有着广泛的受益者，斯里兰卡哈巴南塔港、马达加斯加卫星城、缅甸果敢水电站、乌兰巴托轨道交通等都是“一带一路”倡议的重要实践成果。通过“一带一路”建设，中国与周边国际贸易和投资合作不断增加，这为中国走向世界，不断加强中国与国际社会的联系，创造了良好的发展机遇，为人类命运共同体的建设作出了巨大的贡献，也为实现海外利益保护发挥了积极的作用。

总的来说，人类命运共同体的理念和指导思想为海外利益保护提供了重要的理论基础和行动指引。我们要不断弘扬人类命运共同体的理念，加强国际合作与交流，推进海外利益保护，为保障国家安全和公民权益、促进人类共同进步和发展作出实质性的贡献。

二、三层机制

海外利益保护是国家安全和经济发展的重要方面，为此，建立完善的三层机制，即事前预防机制、事中应急机制、事后惩戒机制，成为海外利益保护的必要手段。三层机制，各层次并非隔绝断裂，而是相互结合，立体交叉。

（一）事前预防机制

随着“一带一路”倡议的推进和落实以及全球化的不断加深，各国之间的联系和交流日益密切，对海外利益的需求也日益增加。然而，随着海外利益的增加，海外风险也在不断增加，因此建立健全的海外利益保护预防机制是非常重要的。

事前预防机制是发现、预防、管理、阻断海外风险的机制，是以“御敌于国门之外”为指导理念的。它是一个全面、多层次、多角度的预防机制，包括文化软实力、法律、情报信息、金融税务、军事力量、网络通信、外交领事等不同角度布局的海外风险防控防线。事前预防机制非常重要，因为其可以帮助我们避免不必要的损失和风险，且事中应急机制和事后惩戒机制的实施在很大程度上依赖事前预防机制所获得的情报信息及基础工作。打造有效的海外利益事前预防机制，可从以下几方面考虑。

第一，充分发挥文化软实力的作用。文化是国家软实力的重要组成部分，通过推广本国文化，加强文化交流，可以使海外民众了解本国的文化、制度、价值观等，增强本国在国际上的形象和影响力，减少海外风险发生的可能性。

第二，法律的作用不可忽视。在海外投资和商业活动中，首先应了解当地的法律法规和文化习惯，避免不必要的损失和风险。其次应建立国际司法合作机制，强化司法互助，可以更好地保障海外利益的安全。最后要制定相关规章制度和法律法规，并加强宣传教育，国家和企业需要完善制度建设，制定与海外利益保护相关的规章制度和法律法规，同时要加大宣传力度，提升海外利益保护的认知度和自觉性。

第三，情报信息的收集和管理是事前预防机制的关键。政府机构需要加强对海外情况的跟踪和信息收集，及时获取相关情报信息，对政策和决策进行科学分析与预测，并采取相应的预警和应对措施。

第四，金融税务方面应当加强事前预防机制。在海外投资和贸易活动中，企业和个人要合法合规，避免出现经济纠纷和税务问题。政府应该加强对金融税务领域的监管和指导，为海外投资和商业活动提供更加便捷及规范的服务与支持。

第五，军事力量是海外利益的重要保障。政府应及时响应海外安全威胁，为海外利益的安全和稳定提供坚实保障。

第六，网络通信和外交领事是海外利益保护的重要基础。政府应加强对外交领事机构和海外驻情报机构的建设和运作，提高海外援助和救护能力，加强与其他国家的合作，共同推进多边协作治理。

为了更加全面地打造海外利益保护的事前预防机制，还需要充分发挥民间力量的优势，将政府、企业、社会组织及个人的合作与相互配合融合到海外利益保护的整个过程中。政府力量和民间力量发挥各自的优势，形成各司其职、互相协同的保护机制，共同维护本国在国际上的声誉和利益。

在此基础上，各政策部门应该建立联系机制，形成统一的政策协同体系，防范和减少利益冲突的发生。

总之，建立健全的海外利益保护事前预防机制，打造海外风险防控体系，是国家和个人海外利益的重要保障。只有通过各方面的协作和相互支持，才能更好地实现海外利益的保护。

（二）事中应急机制

中国海外利益保护面临着越来越复杂多变的形势，各种突发事件时有发生。如何建立一套科学合理的事中应急机制，提升中国应对海外突发事件的能力，成了当务之急。

各种威胁海外利益的事件通常具有事发突然、协调难度大、涉及因素复杂等特点，因此只有建立协调有序的事中应急机制，才能有效应对各种海外突发事件，切实保护中国在海外的利益。建立事中应急机制，可从以下方面着手。

第一，加大外交和领事保护力度。各国外交机构和领事馆应在海外设立保护机构，为国家和企业提供及时有效的政策、法律、安全等方面的支持与帮助。

第二，建立业内通信网络，完善信息收集和传递机制。各行业应该建立紧密的业内沟通网络，加强信息共享和传递，及时了解海外市场变化和利益风险，为海外投资和经营提供更加准确的信息保障。

第三，打造多方参与的救援机制。现阶段中国应急救援机制主要依赖本国政府和军队，尽管内部机构相对齐备，但能见度相对不高。构建新型应急机制需多方参与，包括国内政府及民间力量，也要充分依靠东道国力量。具体来说，可以建立一个海外应急协调制度，由中央机构、国家驻外机构、企业等主体参与。另外，还可以充分借助联合国等国际组织的应急救援机制，参加国际救援队，积极参与紧急情况下的国际协作，提升中国海外利益保护的能力。

第四，细化制订针对不同国家和地区的应急计划。为了在应对海外突发事件时能够有效地采取措施，需要细化制订针对不同国家和地区的不同危险等级的应急计划。针对不同等级的危险，需要有不同的救援措施和机制来应对。比如，对于危险等级较高的地区，中国可以加强与当地政府、企业及民间组织的合作，建立专业的救援队伍，在危机时刻能够快速应对。另外，加强与当地政府的沟通，与当地政府合作，共同应对危机事件。在合作中，还应综合考虑各方面因素，如当地的文化、政治、经济等环境因素，以期达到最好的应对效果。

第五，采取有效措施妥善解决正在发生的海外风险事件。针对正在发生的海外风险事件，中国需要采取有效措施妥善解决，以保障海外民众生命财产安全。可以利用各种现代通信手段，及时调集各方力量参与救援，帮助危难民众渡过危机难关。同时，中国还应当采用各种现代化救援器械，如直升机、潜水器、无人机等，提高救援的效率、减少损失，为风险防控提供有力支持。

第六，中国还可以从源头上采取措施，健全海外利益保护体系，加强预防和风险管控，努力避免各种风险事件的发生。

总之，海外利益保护是中国走向世界的关键，建立科学完善的海外利益保护机制事关国家的利益和形象。在建立海外利益保护的总体架构下，事中应急机制是其中一个非常重要的部分。建立以多方参与为主导的事中应急机制，细化不同危险等级下的应急计划，采取有效措施妥善解决正在发生的海外风险事件，这些都是提升中国应对海外突发事件能力的重要步骤。相信随着应急机制的完善和实践经验的不断积累，中国在海外利益保护方面的整体实力将得到大幅提升。

（三）事后惩戒机制

海外利益保护关系到中国的国家形象，也关系到每个企业、组织和个人的切身利益，建立海外利益保护的惩戒机制，惩戒追责，是中国海外利益保护的重要手段之一。

事后惩戒机制指在海外利益受到损害之后，对责任主体进行惩戒追责的机制。这种机制可以带来小惩大诫的效果，对于其他可能侵犯中国海外利益的行为主体起到了警示作用。事后追责和惩戒是对海外利益的保护和宣示，可以有效维护中国的国家形象和实力。

军事实力可以为维护国家利益和海外利益提供基本保障。加强海军军备，增强维和武装力量以实现军事实力的提升，是中国海外利益保护的根本保证。

建立海外利益保护的惩戒机制需要所有海外利益的相关主体共同承担责任。政府应该加强海外利益保护的宣讲和教育，提高海外利益保护的意识，同时在国际场合争取惩处权利。企业和个人需要合法合规经营，维护本身形象和声誉，以防被别有用心者利用。

建立信用评价和黑名单机制，维护企业和个人的信誉。政府应该建立海外投资与经营信用评价和黑名单机制，公示企业和个人的信誉记录，严厉打击违规行为，保护正当企业和个人的合法权益。因此，也需要加强司法合作，维护法律的权威性和公信力。各国应加强司法合作，消除法律障碍，打击犯罪行为，维护法律的权威性和公信力。

总之，建立完善的海外利益保护三层机制，不仅关系到国家的安全和发展，也关系到企业和个人的权益和尊严，各方应紧密合作，为海外利益保护保驾护航。

三、八项原则

坚持党的统一领导、提升国家统筹能力、实现人类命运与国家利益的有机结合、遵守联合国宪章和国际法、共商共建共享、促进各国人民合作共赢、走国际群众路线、推进海外利益保护中的军民融合，这八项原则彰显了中国在全球事务中的担当和影响力，也体现了中国社会主义现代化建设与对人类社会和谐发展的追求。在实践中，这些原则将有利于进一步完善中华民族的国际形象，提升中国的国际话语权和影响力，促进经济发展和民生改善，维护国家主权和尊严，增进各国人民的互信和友好合作。

第一项原则：坚持党的统一领导

海外利益保护是当前中国面临的重要任务之一。在这个任务中，坚持党的统一领导是首要原则。坚持党的统一领导，不仅是中国海外利益保护工作的根本指导思想，更是维护中国国家利益和安全的重要保障。

坚持党的统一领导能够保证海外利益保护工作的整体协调性。在形势复杂多变的海外环境中，各个部门之间需要紧密协作，以便有效维护中国在海外的合法权益。如果没有党的统一领导，各个部门之间的协调与合作就会变得困难和复杂，这将导致中国对国际事务的影响力和话语权被削弱。

坚持党的统一领导能够保证海外利益保护工作的科学性和高效性。在海外利益保护任务中，各个领域都需要有专业人士进行针对性政策的研究和制定。而在这个过程中，党的领导能够保证专业人士将自身的专业知识和党的大政方针结合，促使海外利益保护政策切实落实到位。

坚持党的统一领导能够保证海外利益保护工作高度契合国家利益和民众需求。随着时代的变化，国家利益更加多元性，海外利益保护面临的问题也不同于以往。因此，我们需要依据国家政策，定向发展海外利益保护工作。这样一来，就能够更好地满足广大民众的需求，提高公众对海外利益保护的认知度和理解度，增强国家凝聚力和战斗力。

总之，坚持党的统一领导是海外利益保护工作的重要原则。如果能够科学运用这个原则，相信我们一定能够实现海外利益保护工作的全面推进，为中国的发展与国际事务的和平稳定作出更大的贡献。

第二项原则：提升国家统筹能力

对于中国海外利益保护来说，提升国家统筹能力是重要原则之一。这一原则要求我们加强政府层面的领导力，充分挖掘中国的资源和力量，以更加强有力的手段保护海外利益，同时推动国家各个部门和机构之间的协同与配合，避免力量分散和沟通屏蔽的情况，从而提高中国在全球事务中的影响力和话语权。

提升国家统筹能力，首先要做的是建立一个完备的权责清单和实施机制。这个权责清单和实施机制不仅要规范海外利益保护工作的各个方面，还要将其与国家发展战略和重大外交活动相协调。例如，对于出口企业的海外建设和经营活动，除了落实企业自身的海外风险评估、安全保护和危机应对机制，国家也应当在政策和资源方面予以支持和保障，提高其出海门槛和综合竞争力。又如，针对某些特定的地缘政治问题和海盗活动，国家应当协调外交和安全部门，在保障中国公民生命财产的同时，进一步维护中国在当地的利益和形象。

其次，提升国家统筹能力还要求建立一个高效的信息共享和协同处理机制，以确保时效性和精准度。国家有关部门之间的信息孤岛，常常会造成海外利益保护操作的盲区和滞后。因此我们需要建立一个联合指挥系统，以早期警报为核心，及时吸收有利于海外利益保护的各种信息来源，并征求专家、行业协会、民间组织等多元化的建议和支持。除此之外，国家还需加强与国际组织和友好国家的信息共享和协作，从全球视野掌握世界各地形势及国际舆论动态，以防患于未然，及时采取应对措施。

最后，在提升国家统筹能力的方面，我们还应该建立一个健全的人才队伍和交流机制，推动人才向海外领域集中。这个机制的实施应从不同领域和行业充实人才，提高人才的针对性和实践性。例如，政府领导人和专业人才应在普遍学习国际法、常识和文化接触的基础上，进一步加强海外经济贸易、安全保障、危机管理等方面知识的培训，提升国家海外利益保护机制设计和实施层面的能力。此外，国家应鼓励企业、学者和普通公民自愿并主动参与国家海外利益保护的行为。例如，响应国家“一带一路”政策的企业可以通过组织论坛、参与工商联合会、开展公益活动等方式，为当地居民带来更多人文交流和民心沟通的机会，实现“一带一路”合作的大市场和大家庭格局。

中国企业海外获取自然资源方面的利益同样需要政府统筹管理和引

导。派驻海外的国企代表和公使等应当与当地政府和企业保持共赢合作的关系，以协调各方面的利益。

综上所述，提升国家统筹能力是一项非常重要的海外利益保护原则。我们要积极探索和实践，以全面加强政府与企业、民间的合作，不断提升中国在全球事务中的影响力，推动国家和人类在多元化、和谐、繁荣的新时代中前进。

第三项原则：实现人类命运与国家利益的有机结合

传统的国家利益关切的是国家的生存与繁荣，现在逐步过渡到以国民的安全和幸福为核心。若将海外利益视作国家利益的延伸，个体（法人、公民）的利益保护则顺理成章地被纳入国家利益的范畴。一方面，人类命运共同体理念指导下的海外利益保护，正是通过保护国家、企业、组织及个体利益，将个体利益与国家利益绑定；另一方面，海外利益和国家利益都应该放在全人类共同利益这个大视野下进行思考。个体安全和利益事关人类命运，构建恰当的利益保护体系是实现人类命运与国家利益相结合的重要途径。

中国始终坚持外交政策独立自主、和平友好、互利共赢的原则，积极致力于维护自身利益和推动人类社会的和平与繁荣。在海外利益保护中我们提出第三项原则——实现人类命运与国家利益的有机结合。

我们来看看第三项原则的内涵和意义。实现人类命运与国家利益的有机结合，强调国家利益与人类利益不是相互排斥的，而是可以相互促进和融合的。中国主张在开展自身利益维护的同时，关注和尊重各国和人民的合法权益，推动全球治理更加公正和平衡，促进全球发展更加可持续，助推全球互利共赢。这种理念是基于中国长期以来对和平、发展、公正、合作的价值观的认识和坚持，是对现实和未来世界的观察和思考，也是中国在国际事务中的伟大担当和独特贡献。

实现人类命运与国家利益有机结合的意义在于：一是体现了中国对人类社会进步和发展的责任和贡献，反映了中国作为负责任大国的自觉担当。中国认为，无论在全球治理、气候变化、贸易投资、发展道路等方面，都应该坚持多边主义、平等协商、相互尊重，推动共赢合作、共同发展。二是有利于增强中国的国际影响力和话语权，维护国家利益和尊严。中国始终主张"和而不同"的文化和价值观，尊重各国之间的差异与特殊性，坚持伙伴精神、对话协商，推动全球治理体系的变革和完善。这一原则的实践，将有效增强中国在全球事务中的地位和影响力，有助于维护国家安全和利益。三是有助于推动人类社会的和平与发展。实现人类命运与国家利益的有机结合，体现了中国主张构建人类命运共同体，以人类前途命运为出发点，推动不同文明之间的交流与互鉴、共同应对全球性问题、建立互信互动的国际关系，这有利于维护国际和地区安全稳定，促进人类福祉的持续、全面和公正发展。

我们再来看中国在实践中的经验和成果。在实践中，中国始终坚持积极参与全球治理和国际事务的主张，贯彻落实人类命运与国家利益的有机结合原则，通过多种途径和方式，推动全球经济、政治和文化的合作与发展。

中国在实践中也取得了一些经验和成果。一是在世界各地援助援建。中国在全球贫困地区援建了医疗机构、学校、水库，推进了农业现代化，促进了国家和人民的发展。同时，中国还在多个国际组织中强调了可持续发展的重要性，提出并落实了许多行动计划和项目，积极推动全球减贫、碳排放等方面的工作。二是在应对全球性挑战方面发挥积极作用。中国作为联合国安理会常任理事国之一，积极参与多边机制和国际合作，提出了国际和平与安全的中国方案。中国提出了"一带一路"倡议，将持续推动亚洲和其他地区的互联互通、贸易投资和人文交流，推动更加公正平衡的国际体系，为世界贡献了一个中国式方案。三是在维护自身权益的同时，为国际社会作出了贡献。中国在维护自身领土完整、主权和安全的同时，积极参与各种国际事务，促进多边贸易投资、司法协助等机制的建设，反对各种形式的恐怖主义和极端主义，维护亚太和国际安全与稳定。

"实现人类命运与国家利益的有机结合"是中国海外利益保护的一

项重要原则，它强调了人类命运和国家利益不是相互矛盾的，而是相互促进、相辅相成的。中国始终奉行着和平、和谐、共赢的理念，坚持中国特色大国道路，根据国家实际情况，大力推进改革和发展，积极参与国际交往和合作，为维护全球安全和平衡，促进人类进步和发展，打造共同繁荣和命运的美好未来不断发挥重要的作用。

第四项原则：遵守联合国宪章和国际法

中国在全球事务中处于重要地位，需要通过负责任的行动来维护自身利益，并促进世界的和平与发展。遵守联合国宪章和国际法是一个国家在国际事务中必须遵循的准则。对于中国来说，海外利益保护同样需要遵循这一准则。作为一个负责任的大国，中国要本着平等互利的原则与世界各国进行合作，同时遵循国际法和国际准则。

随着中国在全球事务中地位日益提升，中国承担的责任也越来越大。在遵守联合国宪章和国际法这一原则的指导下，中国将进一步创造条件、推进合作，维护中国的海外利益，同时为世界和平稳定与人类发展作出更大的贡献。

第五项原则：共商共建共享

海外利益保护是现代国际关系中的重要问题之一，也是国际大国在海外展现影响力和维护国家利益的一项重要任务。共商共建共享是中国对外开放的基本思路和基本原则，这一理念在海外利益保护中同样有着重要的体现。

在理论层面，共商共建共享的核心在于合作共赢，促进各国利益融合，形成协同发展的良性循环。在海外利益保护中需要本着这一理念，加强国际协作，构建合作共赢的格局。

具体来说，共商、共建、共享三项原则意味着通过平等的对话，制定共同的行动计划，实现合作、互利和共赢。共商强调民主参与和协商一致，即一切行动都必须经过有关各方的充分讨论和协商，充分彰显了民主平等的原则。共建是指各个国家在合作过程中积极投入，共同建设，实现互利共赢。共享是指各个国家在合作过程中分享成果，坚持共建共享、同舟共济的原则，最大限度地增加合作的效益。

对于中国来说，共商共建共享是一种响应全球化发展的明智选择，也是实现对外开放的必要手段。在海外利益保护中，通过共商共建共享，中国能够更好地吸纳海外知识、技术和资源，拓展海外市场，深化海外投资，为自身的发展和国际社会的发展共创新的价值。

在实践层面，共商共建共享在海外利益保护中的应用体现在以下几个方面。

共商是海外利益保护的一项重要手段。在制定对外政策、开展合作时要始终秉持充分协商的原则，保障各利益相关方的权益。在非洲地区，中国积极参与“中非合作论坛”[①]，开展全方位的共商共建工作。2015年，中国与非洲联盟签署了合作文件，共同推动该地区的整体发展。此外，中国秉持以人为本、互利共赢的原则，为非洲供应一系列民生产品，包括安全鞋和交通工具等。

共建是团结合作的核心，它不仅能够促进各国共同发展，也是有效维护自身利益的关键。2015年9月，中国与伊朗签署了价值500亿美元的经贸协议，其中包括建设伊朗核电站和油气管道等项目。在这些项目的建设中，中方积极地提供技术和人才的援助，帮助伊朗更好地实现了自身的经济发展。这些合作项目的顺利实施不仅推动两国的共同发展，也有助于稳定中东地区的局势。

共享是中国海外利益保护的重点之一。在近年来的一系列外交活动中，中国为全球化的发展作出了重大贡献。例如，中国是全球最大的出口国之一，同时承接中低端制造业生产，建设海外产业园区，带动了一系列国家和地区的经济增长。随着中国的发展，越来越多的国家和地区能够从中分享到先进的技术、优质的产品和良好的市场前景等各方面的好处。

---

① 中非合作论坛，成立于2000年，是中华人民共和国和非洲国家之间在南南合作范畴内的集体对话机制。

总之，共商共建共享是海外利益保护中的重要原则，也是实现国家利益的基本途径。在国际事务中，中国已经取得了显著的进展，在实践中体现出了中国特色，取得了积极成果。随着中国在世界事务中进一步发挥作用，共商共建共享等一系列原则的贯彻，必将进一步为构建和谐的国际秩序，创造更多的机会和优势。

第六项原则：促进各国人民合作共赢

海外利益保护第六项原则是促进各国人民合作共赢，形成你中有我、我中有你的海外利益保护格局。在全球的互联互通具有了现实的可能性、经济联系更加紧密的背景下，没有任何国家能够独善其身，人类社会具有了“一荣俱荣、一损俱损”的现实基础。这一基础是不以人的意志为转移的。这也同样意味着，中国在保护海外利益的过程中，不能再仅仅着眼于本国自身的利益发展。保护海外利益不再是各扫自家门前雪，而是相互维护，相互配合，应该强调责任上的共同承担，如反恐、环境保护与人权保障①。

促进各国人民间的互利合作，可以为海外利益保护工作提供坚实的基础。在这个过程中，各国人民都能够分享发展成果、共同应对挑战，维护自身利益同时也为全球公共事务作出贡献。以下是几个例子，说明如何在实践中促进各国人民间的互利合作，以形成一个你中有我、我中有你的海外利益保护格局。

“一带一路”倡议：该倡议致力于通过建设基础设施、加强物流和贸易联通、促进产业合作等方式，帮助沿线国家和地区发展经济、增加就业机会、改善民生。这个倡议从一开始就强调互利合作，强调开放、包容、合作与共赢，倡导建立一个你中有我、我中有你的全球合作格局。截至2023年2月中旬，中国已与151个国家32个国际组织签署了200余份共建“一带一路”合作文件。

① 参见赵可金：《从“国际社会”到“人类命运共同体”》，《北京日报》，2017年2月20日第6版。

2013年到2022年，中国与“一带一路”沿线国家的货物贸易额从1.04万亿美元扩大到2.07万亿美元，将近翻了一番。截至2022年底，中国企业在沿线国家建设的境外经贸合作区累计投资达571.3亿美元，为当地创造了42.1万个就业岗位。

中国与非洲的国家合作：中国和非洲国家的合作渊源已久，双方在经济、文化、政治等多个领域都有着广泛的联系。在实践中，中国对非洲国家提供了贷款、援助、技术转让等各种支持，帮助非洲国家提高经济水平和民生质量。同时，中国也从非洲国家学习和借鉴了不少经验与理念，促进了双方在经济、社会和文化领域的交流与合作。这个例子体现了中国努力促进各国人民之间的互利合作，践行中非共赢的理念。

中国在国际公共卫生领域的贡献：在新冠疫情暴发后，中国采取果断措施，积极向国际组织和各国提供援助。中国向多个国家提供医疗物资、派遣专家团队协助当地抗疫，为世界的疫情防控作出了重要贡献。除了面对突发事件，中国在长期的公共卫生领域也一直在国际合作中占有重要地位。中国与世界卫生组织合作，在应对控制艾滋病、结核病等疾病方面发挥着重要作用。这个例子说明了中国在国际事务中坚持践行多边主义，致力于促进各国人民之间的互利合作。

海外利益保护对于一个国家来说至关重要，不能只满足于单方面的利益追求，必须考虑全球的和平、稳定与繁荣。中国已经在全球事务中发挥着越来越重要的作用，我们应该在加强多边主义、促进国际合作方面继续努力，不断向世界发出更为积极、自信和开放的声音。

第七项原则：走国际群众路线

所谓国际群众路线，就是要充分相信和依靠当地群众，在开展海外利益保护行动中发挥他们的力量。具体而言，海外利益保护要注重在当地建立良好的合作关系，积极与当地政府、民间组织、商业机构等各方面建立联系，树立起公司的良好形象和信誉度。在此前提下，可以依托当地的力量，共同制定并实施多方面的海外利益保护措施，形成具有针对性的海外保护体系。

随着全球化的推进和中国经济的不断发展，中国的海外利益日益多样化和复杂化，不但涉及贸易、投资领域，也涉及人员、文化等多个方面。在此背景下，要走国际群众路线，就必须注重深入了解当地的人民、文化、法律法规，维护中国企业的合法权益，做到与当地人民心心相印、息息相关。以在非洲的投资为例，中资企业已经掌握了当地的社会风貌、法律法规、政府政策等。中资企业遵从并尊重当地的法律法规和社会习俗，在满足自身合法权益的同时，也为当地社会和产业链的健康发展作出了积极的贡献。

此外，在海外利益保护中，不仅要注重领导部门和高层机构的指挥，更要重视基层员工的积极参与。要走国际群众路线，必须充分发动各方面的力量，紧密协作，形成合力。例如，设立海外保护指挥中心，全面协调企业内部与外部资源，加强人员、物资、技术等保障措施，建立一套完整的应急响应机制等。

当然，在走国际群众路线的同时，也要注重保持中国的独立性和自主性。海外利益保护不仅是一项重要任务，也是一种重要使命。在实践中，需要本着自身利益和大局考虑，坚持中华民族的核心价值观，充分利用自己的资源和优势，推动海外利益保护工作发展。

总之，走国际群众路线是海外利益保护的重要原则之一。要建立一个科学、高效的海外利益保护体系，注重充分发动当地国家的力量，实现与他国互利共赢，实现和建设人类命运共同体，为全球的和平与发展作出贡献。

第八项原则：推进海外利益保护中的军民融合

海外利益保护是现代国家对外政策的重要组成部分，军民融合是保障海外利益的重要手段。如今，世界形势变化异常复杂，沟通交流、资源利用、科技创新等方面的需求不断增加，这使军民融合在海外利益保护中的意义变得更加重要。

2015 年 3 月，习近平主席提出“将军民融合发展上升为国家战略”。[①] 随着军事技术和民用技术通用性不断强，目前中国已经逐步形成了在重大基础设施、海洋、天空、信息等关键领域军民融合发展的基本格局，建立了军民融合科研生产体系、人才培养体系、军队保障体系。推动海外利益保护中的军民融合，要求在国家层面建立统一领导、资源共享机制，同时引入民间竞争力量，提高资源利用率。海外利益保护需要有力的国防军事力量作为后盾，优化军事力量的资源配置事关国家安全和发展全局，事关保障海外利益的核心竞争力，因此推进军民融合是构建海外利益保护体系的重要指导原则。

1. 海外利益保护中的军民融合

军民融合是中国特色社会主义现代化建设的重要组成部分，是实现第二个百年奋斗目标和中华民族伟大复兴战略目标的必由之路。加快推进军民融合，既是国家发展的必然趋势，也是迎接全球竞争的战略需要。这种趋势在中国的海外利益保护中得到了更为明确的体现。

保护海外利益需要依赖强大的军事力量和安全力量，而军事力量的优化配备和资源利用也离不开民用科技和资源。因此，推进海外利益保护中的军民融合成为日益重要的问题。中国必须抓住机遇，整合军队资源和民用资源，推进军民融合，以确保国家和人民的利益得到更好的维护和保护。

2. 推进海外利益保护中军民融合的原则

（1）建立统一领导机制。建立一个统一坚强的领导机制，使得政府各部门、军队和民营企业能够形成协调的合作体系，推进海外利益保护中的军民融合发展。

（2）资源共享和效率提升。政府应该为民营企业、地方政府和科研机构提供更大的资源支持，以实现资源共享和效率提升。同时，还应该鼓励军事技术和民用技术之间的转化，促进民用科技和军事科技的

---

① 《审议〈关于经济建设和国防建设融合发展的意见〉和〈长江经济带发展规划纲要〉》，《人民日报》，2016 年 3 月 16 日。

融合。

(3)引入民间竞争力量。通过引入民营企业，创新机制，提高资源利用率，增强竞争力，确保技术和产品质量，实现军民融合发展的效益。

(4)优化军队建设。在海外利益保护中，军队是后盾，必须优化军事资源配置，提高军事装备的科技含量和作战能力，建立先进的军事保障体系，并在人才培养、科技研发等方面加强军民融合。

3. 推进海外利益保护中军民融合的具体措施

(1)加强政府领导。政府应该建立一个高效、统一、明确的领导机制，负责推进海外利益保护中军民融合的统筹安排和协调指挥。

(2)发挥民企优势。政府应该继续鼓励民企参与军民融合，支持军事产业向民间领域转移，加快科技成果转化步伐，促进军民融合的快速发展。同时，政府应该探索建立民企和军队的深度合作机制，打造企业生产力和军队能力的合理匹配。

(3)加强人才培养。政府应该加强对军事人才和技术人才的培训与支持，为军民融合提供有力的人才支撑和技术保障。

(4)完善法律支持。政府应以法律手段保障军民融合规范发展，制定相关法律和政策，明确各方的权利和义务，为军民融合提供法律保障。

军民融合发展已经成为中国海外利益保护的重要保障措施之一。在推进军民融合的过程中，政府要加强领导，促进民营企业进一步参与到军队建设和利益保护中，实现军民资源的共享和协同，发挥军民融合的潜能，同时也要加强海外利益保护，维护国防安全和国家利益。在实践中，我们需要更多的探索和实验，以期找到适合和优化的指导原则，解决海外利益保护中的具体问题。

第二节　中国海外利益保护体系的构建要点

构建全域全向多元立体海外利益保护体系是中国主动参与全球治理、实现自身利益的重要举措。为此，我们需要秉承党的统一领导，坚持人类命运共同体总体理念，围绕全面建成社会主义现代化强国和实现第二个百年奋斗目标的中心任务，以人民为中心，融入总体外交大局，合理规划、谋划和实施海外利益保护工作（见图4－3）。

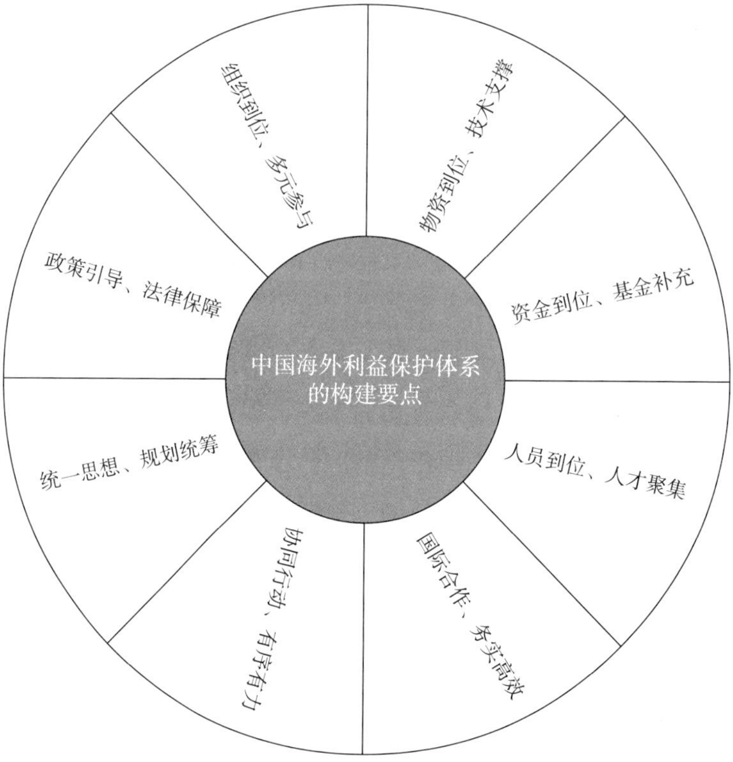

图4－3　中国海外利益保护体系的构建要点

一、统一思想、规划统筹

海外利益保护是中国参与全球化进程必须面对的重要问题，也是中国作为负责任大国应承担的重大责任。构建全域全向多元立体海外利益保护体系，是中国在新时代推进“一带一路”建设、实现国际化进程的必然之举。

（一）统一思想

构建全域全向多元立体海外利益保护体系需要统一思想。坚持以习近平新时代中国特色社会主义思想为引领，以“一带一路”倡议为主线，以中国特色大国外交为指导。具体来说，需要贯彻“放眼世界、面向未来”的理念，坚持发展同步、安全同步、管理同步，坚持多边主义，积极应对全球化挑战。首先，要注重平衡发展，既重视国家间的关系，也要关注国家内部的利益关系，加强与社会各方的协调与合作。其次，需要加强意识形态教育，加强思想解放，加强法制教育，形成在海外经济和政治活动中遵守国际法、尊重当地法律法规、注重文化差异、注重社会责任和环境保护的良好思想风气。最后，应该倡导中华文化、弘扬中华精神，以自信自强的态度应对海外挑战，实现海外资源和利益的可持续发展。

（二）规划统筹

规划统筹是建立海外利益保护体系的关键。要构建全域全向多元立体海外利益保护体系，需要加强规划统筹，充分考虑国家战略需要、企业特殊需要、当地情况和文化背景，制定适应不同情况的应急预案和工作方案。此外，应该加强华人组织与企业之间的合作协调，提高信息共享和交流的效率，共同维护和打造中国形象。

（1）强化政治引领和思想教育。加强对中国企业、机构及华侨在海外活动的法制宣传和教育，加强意识形态引领，落实中华文化在海外的传播和弘扬。

（2）建立完善的信息共享和跨部门紧急响应机制。制订与当地法律法规相符合的海外利益保护计划，加强与各地衔接的协调机制，制定清晰的应急预案和处置措施。

（3）提高能力。建立军事、情报、外交和法律等多方面协同合作的机制，提升中央和地方的应急处理能力。加强智能化、信息化、网络化建设，完善统一指挥体系，打造安全信息共享网络。

（4）推动企业多元投资布局。为企业提供有力支持和帮助，加强国际合作与交流，拓展投资领域，保证海外投资的多元化和可持续性。同时，也需要加强资源整合和开发，确保资源的可持续利用和开发。

（5）推进人员和技术培训。加强对华侨和企业人员在海外活动的技能培训，提高技术水平和管理能力。并且，培养更多适应本土文化与法律环境的专业人才，提高海外投资的有效性和成效。

（6）明确目标。明确全域全向多元立体的海外利益保护体系的总体目标和发展方向，制定海外利益保护的长期规划和年度工作计划，并根据实际工作情况及时作出调整。

（7）重点区域和领域。对于不同区域和领域的海外利益保护，要制定相应的策略和规划，区别对待，分别加以防范和处理。例如，对于易受恐怖主义和战乱影响的国家和地区，要采取特殊的防护策略，保障人员安全；对于涉及重要资源、战略产业的领域，要做好风险防范和预判。

（8）强化法律保护。推进立法工作，完善国家安全法和反恐法等相关法律法规，加大执法力度，对违法犯罪行为实行零容忍。

（9）加强组织建设。建立健全机构设置和管理制度，制定复杂情况应急机制，创新保护方式和手段，开展培训和演练活动，提高工作人员的专业技能和应对能力。

在“一带一路”建设即将进入第三个五年的今天，构建全域全向多元立体海外利益保护体系迫在眉睫。该体系的建设需要在思想上统一认识，规划上统筹安排，明确目标和发展方向，提高各方应急应对能力，加强法律保护和组织建设。只有不断完善和推进海外利益保护体系的建设，才能建立起全球治理体系的参与度和话语权，为实现富强民主文明和谐世界而努力。

二、政策引导、法律保障

政策引导和法律保障是构建海外利益保护体系的两个重要方面。

政策引导的核心是制定和完善相关政策法规。首先，政府应当鼓励企业去海外投资，制定和完善加强资金支持、引导高质量发展的政策。同时，政府应该依托自身的资源和渠道，积极寻求和使用诸多机会，如国际关系和各种国际协定的机会，采取有效措施来保护海外利益。其次，政府还应对民生、就业等方面的问题开展研究，以尽可能减小中国在海外拓展事业中存在的非政治风险。最后，政府还应当加强自身的协调与合作能力，更好地吸引、布局和管理全球资源。通过政策引导，可以在多方面、多层面上形成政策合力，更好地推动海外利益保护体系建设。

相比政策引导，法律保障有更为具体的实践意义。在实际运作中，海外利益保护需要依靠法律保障来实现，这也是构建海外利益保护体系的重要保证。一方面，中国对海外企业的投资出口采取了购买保险、信用担保等方式进行风险控制；另一方面，利用双边和多边条约促进国际商业合作，其条约中的安全条款为国际投资者提供了相当的安全保障。

制定法律法规是法律保障的基础。中国政府在海外利益保护方面推出了一系列法规，如《中华人民共和国国有资产法》《中华人民共和国出口信用保险法》等。通过建立法律法规体系，完善海外疫情、社会稳定等方面的风险预警，快速掌握、响应相关国家的海外安全形势，及时采取捍卫海外企业和华侨合法权益的法律行动。

除了制定法律法规，对海外利益实施具体保护时也需要法律保障。中国政府为此增加了相关法律资源，积极协调保险机构拓展保险种类和范围，增强海外自救和自保意识，为不同投资者提供保证海外利益保障的机会。

为了更好地维护其海外利益，中国政府应在海外布局咨询公司、律师事务所等高水平的专业机构，加强对投资企业和华侨权益的维护和保障。对于受到侵权的海外企业和华侨，中国政府也要采取积极的法律行动。

总的来说，政策引导和法律保障是构建全域全向多元立体海外利益保护体系的核心组成部分。中国政府在具体实践中，应当更多地关注海外利益保护，并在政策引导和法律保障方面作出更为有力的措施，适时出台海外利益保护法律，为全球治理体系注入更多中国智慧，提供中国方案。

三、组织到位、多元参与

要建立多元立体海外利益保护体系，关键是要组织到位，在海外建立一套完整、协调、高效的利益保护体系。在实施过程中，需要多个部门的协同合作，充分发挥相关机构的作用。同时，多元参与也是不可或缺的。中国在海外拥有大量中资企业、留学生、华侨、志愿者等各种人员和组织，他们也需要充分发挥自身的作用，为海外利益保护工作贡献力量。

多元参与的主体包括国家机构、政府配合单位、民间组织、国际组织和承载主体。其中，国家机构是海外利益保护的核心组织，包括外交部、公安部、国防部、商务部等部门。政府配合单位是指相关的国家部委、地方政府、产业协会等单位，可以提供各种政策和支持。民间组织包括企业协会、志愿者组织等，能够开展各种行动，为海外利益保护提供帮助。国际组织是指联合国、国际货币基金组织、世界贸易组织等各种组织，可以提供海外利益保护的国际协调。承载主体是指中资企业、留学生、华侨等，他们所面临的利益及风险问题，也是海外利益保护的重要组成部分。

（一）组织到位

建立全域全向的海外利益保护体系需要充分的组织到位。在国内，需要建立一个负责海外利益保护的机构，并从多个部门中吸纳优秀人才加入，包括但不限于国防、外交、商务、财政等部门。这样可以使海外利益保护体系的运作更加协调、高效，确保中资企业和侨民的安全与权益得到更好的保障。国家应当设立相应的部门，加强与各国的合作，收集该地区的信息资料，提供必要的帮助和服务。此外，还可以在使馆设立防范和处理紧急事件的突发事件管理专家组，或者建立行业联盟，涉及海外投资的行业工商会需要建立更加紧密的联盟关系。与之相应的，涉及法律服务、国际贸易、商务等领域的行业组织和机构也要建立合理的协调和联系。同时，国际组织和国家之间也需要加强合作。中国应加强与联合国、世界银行、亚洲开发银行等国际组织之间的联合与合作，共同维护国际秩序，确保海外中资企业和侨民收获政策和法律上的支持。

（二）多元参与

构建多元参与的海外利益保护体系是一项复杂的任务。参与的主体不仅包括政府机构、民间组织等公共性主体，还包括个人、企业、学术界等各个领域的主体。

国家机构需要发挥积极的作用，为中资企业出征提供有力的保障。国防、外交、财政等部门应加强联合，共同制定和执行海外安全与权益保障政策。政府配合单位，应当积极参与海外企业活动，加强对于企业所处环境的风险评估与预警，帮助企业对风险制定正确的应对方案。民间组织是海外利益保护的重要力量，龙虎山祖庭堂、华人华侨公益基金会等机构可以协调当地华侨为中资企业提供帮助，维护中资企业和侨民的合法权益。国际组织在海外利益保护中发挥着很大的作用。通过国际组织的协调和支持，可以加强国际合作，共同维护中资企业和侨民的利益和安全。承载主体是海外利益保护的主要承受力，不仅需要中国官方的保护和支持，还需要自身承担起依法经营、守法经营、诚信经营的责任，确保企业合法合规，不违反当地法律法规，保障中资企业和侨民的权益。要充分发挥以上各参与主体的作用，需要落实下列共治共享的理念。

（1）改善信息交流机制。中资企业和华侨在海外的利益保护离不开各方及时的信息共享和交流。中国政府应该制定信息共享机制，建立全方位的服务网络，提供相应的信息管理和教育服务。

（2）加强社会组织参与。社会组织如商会、学会、文艺团体、人权组织等应当积极参与到海外利益保护中，协助政府、企业掌握情况、为各方建立联系搭建平台、对紧急突发事件进行公益性救援等。

（3）提高中资企业参与度。中资企业应当积极参与利益保护，围绕公共卫生、食品卫生、能源安全等领域建立一系列行业交流共享机制。

（4）加强协同合作。政府、民间组织、企业和个人等各方应当在形成多元主体的途径上，强调协同合作的理念。政府可以引领企业、社会组织、学术机构等共同参与海外利益保护，建立完善的社会责任制度体系。

四、物资到位、技术支撑

为了有效维护中国企业和人员在海外的利益，建立全域全向多元立体的海外利益保护体系迫在眉睫。在此体系中，作为基础保障，物资到位和技术支撑是非常关键的因素。

（一）物资到位

中资企业和侨胞面临的安全风险非常复杂和多样化，为了应对这些安全风险，建立全域全向多元立体的海外利益保护体系需要必要的物资保障，包括防护装备、紧急救援工具等。

中资企业在海外可能会面临不同级别的安全威胁，如武装袭击、炸弹攻击等。这时，中资企业需要有对应的防护装备，包括防弹衣、防弹头盔、防弹车等。防护装备的加强可以使企业在危机环境下得到必要的保障。另外是紧急救援工具。这些工具可以用来处理各种紧急情况，如火灾、车祸、泄漏、水淹、地震等。为了提供更有效的紧急救援，我们需要准备适当的应急资源，如消防车、水泵、应急供电器材、救生衣、航空模型等。在减少紧急状况的危害和恢复可持续发展方面，一些基础设施的保持和恢复能力是非常必要的。

（二）技术支撑

仅有物资保障还不够，建立全域全向多元立体的海外利益保护体系还需要技术支撑。其中，涉及通信技术、信息技术、网络安全技术等方面，以保证海外利益保护信息的高效传输和保密性。

通信技术方面，中资企业和侨胞在海外交流需要依赖有效的通信渠道，建立、维护和改进全球范围内的通信网络是必要的。中资企业和侨胞在海外应有各种应急通信电台、卫星电话、无人机等，以满足他们自身的通信需求，并与当地相关部门保持联络。

信息技术方面，需要尽可能减少潜在危险的应用程序和平台。在数据、软件、操作系统和网络架构方面加强技术保障，使其不容易遭到破坏和利用。在保障海外交流的时候，要避免使用可能存在安全风险的公共应用程序。

网络安全方面，保持网络系统和终端设备安全，对各种网络攻击进行防范和追踪。特别是在一些过渡时期，要建立政策和规定，以免成为网络攻击的目标。

五、资金到位、基金补充

全域全向多元立体海外利益保护体系的构建，资金的到位和合理使用是至关重要的。

（一）现状和问题

随着中国在全球范围内的经济、政治、文化等多方面的活动增多，中资企业和华侨在海外的利益日益成为世界各国和地区政治、经济利益的竞争焦点。需要建立起全方位的海外利益保护体系。然而，当前中国在海外利益保护方面，仍存在资金难题。

第一，海外利益承载主体在海外项目安保和安防方面存在资金短缺的状况。中资企业、华侨和其他海外利益承载主体需要承担许多风险，如自然灾害、政治风险、恐怖袭击等。在这样的情况下，安保和安防成为必不可少的投资项目，但缺乏足够的资金，很难构建全面的海外利益保护体系。

第二，没有专项基金来支持海外利益保护。如今，为了支持社会公益活动和民间救助，国家成立了众多专项基金，如全国社会团体信用体系建设基金、农民工权益保护基金、残疾人福利基金等，这些基金都扮演着重要的角色。但是，我们缺乏一个专门的基金来支持海外利益承载主体的保护。

第三，政府的补贴和税收优惠政策不够完善。在目前的政策中，政府各部委都有资金补贴、税收优惠等政策，以帮助企业扩大海外市场。但是，这些政策缺乏统一性和稳定性，没有一个长期的规划和保障，也没有针对海外利益保护进行特别考虑，导致企业难以获得可持续的利益保护。

（二）建议和具体措施

针对上述问题，我们需要采取一些切实可行的措施来解决资金难题，为建立全方位的海外利益保护体系提供充足的资金保障。

政府在立法层面上增设海外利益保护专项基金。该基金专门为海外利益承载主体提供正规、可追溯的专项基金。在资金到位的同时，也能帮助企业及时解决海外投资、紧急救援、立案维权、诉讼等问题。

建立公益海外保护和救助基金。这个基金专门用于救助在海外遇到突发事件的华侨和中资企业。当他们在海外遇到风险时，这个基金可以提供必要的帮助，更好地保护他们的安全和利益。

加强政府的补贴和税收优惠政策。政府各部委应更加注重海外企业的利益保护，并将其纳入政策考虑之中。对于一些投资海外但面临不利环境的企业，政府可以通过政策补贴或减免税收等方式来帮助其渡过难关。

推广保险保障。有关部门可以通过研发合适的海外财产保险、人身保险等金融衍生品来保护中资企业和其他海外利益承载主体在经营活动过程中的利益，这样可以增加投资风险的安全保障，增加风险管理效果。

加强定期培训教育。不断加强中资企业和海外利益承载主体在应对突发事件中的应急措施，增强其应对能力和执行能力。不断提升海外利益承载主体防范风险和维护利益的能力，这对于海外利益保护体系的建设具有积极的促进作用。

资金的到位是建设全域全向多元立体的海外利益保护体系的重要内容，海外利益承载主体、政府、保险机构等都应在相应领域投入更加充裕的资金，以建立起全方位、持续稳定的海外利益保护体系，让海外利益承载主体更好地吸取海外市场的优质资源和高质量的信息，同时也为中国的全球化进程奠定坚实的基础。

六、人员到位、人才聚集

人员到位指人员配置要到位。配置的人员应该具备必要的专业知识和技能，同时也需要具备相关的工作经验和能力。例如，外交部门的官员需要精通外交礼仪、熟悉各国政治、历史和文化，以及熟悉国际法和国际形势等，以便在处理海外问题时能够灵活应对；安保部门的人员需要具备应对突发事件、处理危机、制订应急计划、进行安全评估的能力和经验。各个中资企业和华侨协会也需要专业的人才和团队，以应对海外问题和维护利益。

人才聚集指在人才引进方面做到有效聚集，吸引更多的具有相关专业知识和技能的人才，不断提高海外利益保护工作的水平和质量。例如，可以发挥高等院校和研究机构的优势，围绕海外利益保护这一核心议题，培养出更多高层次、高素质的专业人才。同时，也可以通过创新人才引进机制，引进海外专家，建立外籍大使、华人华侨、西方智库等机构。

若要实现人员到位和人才聚集，需要遵循以下原则：首先，建立相应的制度和标准，规范人员配置和人才引进。一是通过制定海外工作人员的选拔标准、工作职责和权责，促进优秀人才脱颖而出，形成以能力为主导的人才选拔机制；二是应该建立健全海外利益保护人才的职业发展体系，确保人才享有一定的晋升空间和收入待遇。其次，注重人才培养和科技创新，加强人才队伍建设。除了专业知识和技能的培养，还应培养国际视野和创新精神，实践能力和团队合作精神，以应对未来海外利益保护的新情况和新挑战。最后，加强人才沟通和交流，形成合力。海外利益保护需要各个领域的专业人才紧密协作和协同作战，形成合力，才能应对新形势和新挑战。

全域全向多元立体的海外利益保护体系需要各方面的努力和探索，人员到位和人才聚集是其中重要的方面。我们要通过完善人员配置和人才引进机制，不断提高相关工作水平和质量，将全球化利益工程做大做强，为维护中资企业和华侨的安全与发展贡献力量。

七、国际合作、务实高效

全域全向多元立体的海外利益保护体系具有多层次、多维度的特点。建立这样的体系需要各方面的参与和支持，包括政府机构、承载主体、民间组织等多元主体。在实现多元主体合作方面，国际合作尤为重要。借鉴国际先进经验和理念，开展合作、共享资源、共同维护海外利益，可以让我们在保障自身利益的同时，也向世界展示开放、积极的国际形象。在海外利益保护技术方面，我们也应该学习和引进先进技术，不断完善和提升相应的能力。

同时，全域全向多元立体的海外利益保护体系需要与环境保护、社会责任和国际标准等有机结合。这也是基于质量、环境、社会责任和认证的企业规范和监管要求。这样才能更好地塑造中资企业的良好形象，增强其在全球范围内的影响力和品牌价值，并进一步增强中资企业的国际竞争力。

全域全向多元立体的海外利益保护体系需要注重实践效果和工作效率，提高保护利益的实现率。这需要我们注重建立全方位、全流程、全要素的信息化管理系统。通过这种系统的建立，可以实时监控海外企业的经营状况，有效管理海外资源，并快速响应和处理各种突发事件。此外，我们也需要注重信息的保密性和个人隐私的保护，以免造成不必要的损失。

建构全域全向多元立体的海外利益保护体系是非常重要的任务，与国家安全和人民幸福密切相关。中国需要全方位地加强各方面协作和与国际合作，注重实践效果和工作效率，结合个体环境保护、社会责任和国际标准等要求，做好海外利益保护工作，真正有效地保护中国在海外的利益，为实现中国梦而不断努力。

八、协同行动、有序有力

建立全域全向多元立体的海外利益保护体系是保障中国海外利益安全、促进国家持续发展的必要条件，协同行动和有序有力是其重要原则。通过这些原则的实践，可以使各种资源得到合理配置，各方面形成有效的合作机制，促进最终的整体效应。

协同行动是指各主体应在国家统一的指导下开展合作，各方协同作战，互相支援，形成合力。这里的主体包括使领馆、商协会、保险机构等多元主体，这些机构应该合作，发挥各自的优势，互相取长补短，形成协同效应。

协同行动的前提是有序有力，必须有一套完整的体系作为支撑，同时各主体也必须按照一定的规则和程式运作。例如，在应对危机时，需要有完整的指挥体系和信息共享平台，各主体按照逻辑清晰的程序运作，以达到最终效果。

在建立全域全向多元立体海外利益保护体系的过程中，形成的协作机制需要多方面达成共识。首先，认识到海外利益的保护是国家的重要任务，需要各方面协调合作来完成。其次，各主体应该根据自身的优势和特长发挥作用，形成多元化的合作，以更好地应对各种突发情况。

此外，在建立全域全向多元立体海外利益保护体系的过程中，还需要注重信息共享和资源整合，各主体应该建立通畅的信息共享平台，协调海外利益保护资源，以便发生各种问题都能够迅速反应，共同应对。

总之，建立全域全向多元立体的海外利益保护体系需要各主体之间的协同行动与有序有力的执行，只有通过这些基础步骤建立起来的未来海外利益保护体系，才能够真正意义上保障中国的海外利益安全和促进国家的持续发展。

第三节 中国海外利益保护体系的运营路径

构建全域全向多元立体的海外利益保护体系，仅仅是第一步。如何实现有效运行、达到目标是关键。全域全向多元立体海外利益保护体系是一个复杂的系统工程，它不仅仅需要各方面的支援和努力，还需要对其中一些重要的因素进行重点关注和整合。这些因素可以分为两个方面：一是保证全方位、多元化、立体化的保护措施，二是建立健全的海外保护体系及有效的运营模式（见图4－4），具体实现需要以下步骤或措施。

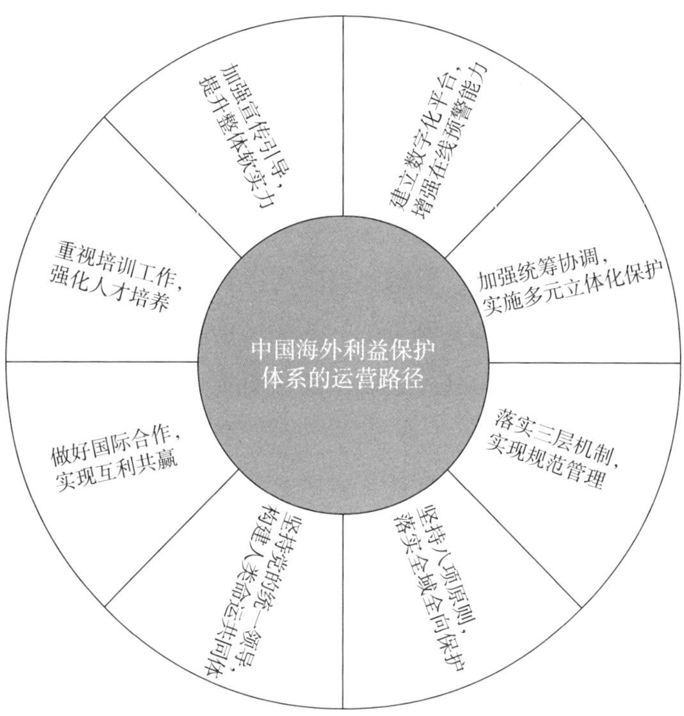

图4－4 中国海外利益保护体系的运营路径

一、坚持党的统一领导，构建人类命运共同体

（一）坚持党的统一领导

中国共产党是中国最高政治领导力量，坚持党的统一领导是维护国家统一和民族利益的重要保证。在建立海外利益保护体系的过程中，也必须坚持党的统一领导。首先，要完善各级党组织的海外利益保护工作，加强党组织对相关工作的领导和管理。其次，要提高党员干部的意识和责任，加强党员干部的海外利益保护教育和培训。最后，要加强党与海外中资企业和华侨的联系，帮助他们更好地了解国家政策和法规，并及时提供协助和支持。因此，在海外利益保护的各个方面中，都必须坚持党的统一领导。由党对海外利益保护工作进行统一领导、直接决策并推动海外利益保护体系的有效运营，可以保证各项工作的无缝协调、高效运作。中国共产党具有丰富的治国理政经验，并将这一经验传承且融入了保护海外利益工作，保证了保护措施的强有力性和实效性。

（二）构建人类命运共同体

“人类命运共同体”是中国领导人对走和平发展道路、奉行合作共赢的开放战略、恪守维护世界和平、促进共同发展外交宗旨的承诺。在建立全域全向多元立体海外利益保护体系的过程中，也要不断推进人类命运共同体的建设。首先，要增强国际交往和互利合作，促进海外中资企业和华侨在各个领域的共同发展。其次，要加强不同国家之间的文化交流，增进相互理解和信任。最后，要共同应对全球性问题，推动建立国际公平和正义的体系。

全球化和多极化的趋势加速了各国之间的交流与互动，凸显了各民族和国家之间的命运共同体意识，这一点在海外利益保护工作上体现得尤为明显。在当前国家和国际环境下，保持国家利益和世界各国共同利益的平衡是有必要的。这个平衡点体现在全域全向多元立体海外利益保护体系的有效运营上。构建人类命运共同体是推进全球化和多极化过程的大趋势，将在保护海外利益的全球舞台上发挥至关重要的作用。

二、坚持八项原则，落实全域全向保护

构建全域全向多元立体海外利益保护体系，可以为中国的对外经济和政治活动提供更好的保障与支持。海外利益保护是国家安全的重要组成部分，也是维护中资企业、华人和华侨在海外合法权益的必要举措。在保护海外利益的过程中，需要坚持八项原则并落实全域全向的保护，才能实现有效的运营和保障。

坚持党的统一领导是建立有效的海外利益保护体系的前提条件，党的统一领导可以带领各方面力量的齐心协力，实现更加高效和有效的海外利益保护。提升国家统筹能力也是实现全域全向的海外利益保护的必要条件，国家统筹能力的提升必须在政府的领导下，依靠多元主体和民主参与来实现。人类命运与国家利益的有机结合可以使中国在外交中更好地发挥影响力和战略作用。遵守联合国宪章及国际法可以为中国在国际社会上赢得更多的信任和支持。共商共建共享和合作共赢是为了建立互利共赢的国际体系。

落实全域全向保护方针是建立和完善全域全向多元立体海外利益保护体系的核心。全域全向的保护指对所有海外利益进行有效保护，包括企业和个人等所有与国家和国家民族利益相关的人员和事物。全域全向保护可以保护海外政治利益、经济利益、文化利益、科技利益、军事利益、人身利益和数据利益等方面的利益。

海外利益涉及国家、企业、组织和个人，因此，海外利益保护必须是全向的，并且需要建立整体的规划和全面的战略。在建立海外利益保护体系的过程中，必须注重不同治理层面和利益群体之间的统筹考虑和协调配合。只有整体把握，才能实现海外利益保护的有效性和可持续性。走国际群众路线是建立有效的海外利益保护体系非常重要的一部分。国际群众路线不仅能够增加对海外利益的了解和把握，而且可以提高对国际社会的认同感和影响力，从而实现更加高效和有效的海外利益保护。军民融合是实现立体防线和多元主体构建的重要途径。军队具有

特殊的角色和地位，因此，军民融合可以为建立全域全向多元立体海外利益保护体系提供必要的技术支持和资源保障。

总之，建立全域全向多元立体海外利益保护体系需要各方面的支持和努力。坚持八项原则并落实全域全向保护，才能实现中国在海外利益保护的全方位和全面性，为中国的对外经济和政治活动提供必要的保障和支持。

三、落实三层机制，实现规范管理

建立全域全向多元立体海外利益保护体系要落实三层机制，即事前预防机制、事中应急机制、事后惩戒机制，以实现规范管理来保障海外利益。

事前预防机制，指在海外经济活动的初期和规划阶段就要考虑到安全风险的可能性，并采取相应的预防措施，以避免或最小化安全风险的发生，包括风险评估、信息收集和分析、对外合作协议的制定和签署等。建立事前预防机制，有助于在海外经济活动初期就防范和避免不必要的风险及损失，保障海外利益。

事中应急机制，指在海外经济活动遭遇安全风险和突发事件时，能够迅速响应和处理，采取有效的应急措施，包括紧急撤离、稳妥处理、协调机构和资源等。建立事中应急机制，可以快速应对和处理突发事件，保障海外利益。

事后惩戒机制，指在海外经济活动遭受损失或受到风险威胁后，建立有效的惩戒和追责机制，以确保对损失或伤害的弥补和对责任人的惩罚，包括维权、索赔和法律追究等。建立事后惩戒机制，有助于维护海外利益的权益和合法性，强化海外经济活动的规范和诚信性，也有助于遏制不合法和不道德的行为。

要实现三层机制的有效运营，必须建立规范、科学的管理体系。领导人员应该充分认识到海外利益保护的重要性，履行好领导责任，督促和支持全员参与和落实保护措施。不同部门和人员要分工负责，扫好门前雪，做好自己的工作，形成合力和合作。信息共享是保障海外利益的重要途径，各单位之间要建立及时、安全、高效的信息共享机制，做到情报共享、资源共享。人员培训则是保障海外利益的重要基础，要对相关人员进行培训、业务知识和技能提升，做到理论学习和实践应用相结合。

落实三层机制则在于确保规范化管理和有效运营，只有充分认识到风险和威胁，制定完善且可行的应急预案和程序，采取有效的措施和技术，才能保障海外利益的安全，也才能逐步增强中国的对外经济和政治实力，促进国际合作和共赢。

四、加强统筹协调，实施多元立体保护

全域全向多元立体的海外利益保护体系需要各方面的支撑和努力，才能发挥出最大效益。因此，加强统筹协调是非常必要的。这包括加强各个部门之间的合作、建立健全的沟通机制，以及整合各方资源、共同推动海外利益保护工作的开展。这一体系的运营涉及很多方面，包括国家机构、政府配合单位、民间组织、国际组织和承载主体等各种力量，因此需要强化多方面的协调和沟通，确保保护方案的制定、应急响应的实施和风险管理的预案是有条理的。同时，还需要根据各个国家和地区的特殊情况，制定相应的海外利益保护战略，制订具体的行动计划，以实现统筹协调的目标。此外，还需要加强对相关部门的协调和沟通，以确保实施策略的一致性和效率。

在参与主体多元化的基础上，可以从文化、法律、情报、金融、武装、安保、信息、外交、国际协作、舆论等多个角度进行立体防范。在海外文化传播方面，需要建立更多文化中心、学校、博物馆、图书馆、媒体等文化设施，增加中国文化的入口，促进中华文化在世界的传播；在法律保障方面，需要通过应用当地法律，确保中资企业和华侨的合法权益被保护；在情报预判方面，需要建立反间谍机制、信息收集机制等情报体系；在金融税务方面，需要重视外汇监管，抵御外部风险；在武

装安保方面，需要根据当地环境派遣安保人员和武装力量；在信息安全方面，需要运用各种现代化的技术手段，有效防止信息泄露、攻击，确保信息安全；在外交与领事保护方面，需要积极应对国际纠纷，在和当地相关部门妥善沟通的基础上，保证中方合法权益；在国际协作方面，需要加强国际组织间的合作，以确保身为全球负责任大国的中国在世界各地保护自己公民和企业的合法权益；在舆论与宣传方面，需要打造品牌，制作相关视频广告等，介绍中国各方面的发展成果。

五、建立数字化平台，增强在线预警能力

通过建立数字化平台和增强在线预警能力，可以帮助整个海外利益保护体系有效运营。

加强信息收集、情报分析，建立全球实时信息化平台。数字化平台是运营全域全向多元立体海外利益保护体系的关键一环。数字化平台可以构建全球安全和威胁大数据库，汇集全球范围内的政治、经济、恐怖、信息安全、传统安全、非传统安全等相关数据，帮助企业和华侨更好地了解海外市场的风险和挑战，及时作出反应。平台可以收集、整合和传递各种风险和挑战的信息，反映中国企业和华侨在海外的实际活动和需求。平台的建立可以通过政府和民间组织的共同努力，也可以考虑与其他国家的安全机构进行合作，促进海外利益保护的全球化和协作。数字化平台的优势在于实时性和有大数据支持，利用人工智能等技术，数字化平台可以快速提醒并响应风险事件，同时通过数据分析和挖掘，可以为海外利益保护的决策提供充足的信息支持。

增强在线预警能力。在线预警能力是全域全向多元立体海外利益保护体系不可或缺的一项能力。数字化平台还可以提高在线预警能力，及时发现和处理突发事件。比如，数字化平台可以帮助各个相关主体和机构实现信息共享和协同作战，在平台上建立虚拟指挥中心，通过视频监控、无线通信、数据分析等技术手段，及时获取相关信息，对突发事件进行有效响应和协调，在线预警能力可以快速监测和识别突发事件和风

险，并及时采取应对措施。随着信息和通信技术的发展，海外利益保护系统的在线预警能力也得到了不断提升。通过各种预警系统的部署，可以对海外地区的重要安全事件、天气变化、社会动荡等进行实时监控；通过强大的神经网络、智能算法和大数据分析，可以快速识别数据中的异常信息，进行预警，及时发起反应并逐渐优化预警体系。

运营全域全向多元立体海外利益保护体系需要地区安全机构、政府组织、企业协会和民间组织等在自己的领域内引领行业发展；需要建立数字化平台和加强在线预警能力，并且需要针对不同地区，构建差异化的信息预警体系。通过有效地运营全域全向多元立体海外利益保护体系，可以更好地防范和化解风险，打造更安全可靠的国际经贸环境，促进对外经济和人文交流。

为了确保数字化平台的有效运营，需要通过培训和教育，提高中资企业和华侨的安全意识和技能水平，增强应对海外市场风险和挑战的能力。同时，需要加强平台的安全保障和保密措施，保障平台上信息和数据的安全性和可靠性。

总之，通过数字化平台的协同作用和资源共享，可以增加中资企业和华侨之间的联系和合作，形成合力，共同应对海外市场风险和挑战。

六、加强宣传引导，提升整体软实力

宣传引导可以通过主流媒体、新媒体、自媒体、论坛、会议、专职宣传等渠道进行。

主流媒体可以借助新闻报道、评论、专题等方式，将有关海外利益保护的重要信息直接传达给受众。同时，海外利益保护的重要意义和各项措施也可以在新闻发布会等专业场合进行宣传。新媒体、自媒体是新兴的宣传方式，以其具有互动性、流行性、时效性等特点受到广泛关注。通过微信公众号、微博、抖音等新媒体平台进行宣传可以更直接有效地传递信息，吸引年轻人的关注和参与。而借助自媒体平台，宣传主体可以发挥个人影响力，发展独特见解，更好地推动海外利益保护的宣传和实践。此外，论坛、会议也是宣传的有效方式。通过各种级别的专业论坛、峰会等方式，可以将海外利益保护与国家建设、企业发展等焦点问题联系起来，提高受众的重视度和理解度。

在加强宣传引导的同时，提升海外利益保护的整体软实力也是至关重要的。软实力可以为海外投资提供更广泛、更连贯的支持，从而提高保护效果和可靠性。具体而言，可以通过提升海外信用、完善跨国法律体系、优化金融支持政策、强化对外反腐和反恐等方面来提升软实力。

建立完善的制度标准，提高整体规范性，也是实现全域全向多元立体的海外利益保护体系的有效手段。

（1）建立海外安全管理制度，对员工的安全健康和生命进行保护，规定应急响应和处理程序，提高应对风险和挑战的能力。

（2）建立海外信息安全制度，建设具有信息安全管理能力的团队，加强信息安全防护、存储、传输和处理。

（3）建立国际市场主体责任制度，加强对合作伙伴的责任管理，规范中资企业的国际经济行为，提高整体规范性和合法性。

总之，全域全向多元立体的海外利益保护体系的有效运营离不开宣传引导、整体软实力的提升、制度规范等多个方面的支撑。只有在各方面的协同努力和合理整合下，才能保障中资企业和华侨的安全和发展，促进国际合作和共赢。

七、重视培训工作，强化人才培养

通过重视培训工作和强化人才培养来更好地运营海外利益保护体系，以保障中国的海外利益安全。

在建立海外利益保护体系的过程中，每个环节都涉及不同领域的专业知识和技能。例如，国家机构和政府配合单位需要了解外交协调和风险评估等方面的知识，而承载主体和民间组织需要具备协调管理和战略沟通等技能。因此，建立一个系统的、完备的培训体系非常重要。

第一，需要建立全流程、覆盖面广的海外利益保护培训体系。这种培训主要包括海外利益保护的概念、常见问题和具体操作等方面的内容，并结合真实案例进行模拟演练，以帮助学员更好地理解和掌握相关知识和技能。第二，针对不同对象，可以制订具体的培训计划和方案。例如，国家机构和政府配合单位可以针对海外利益保护的战略和政策等方面进行培训，而承载主体和民间组织可以针对具体运营操作和应急响应等方面进行深入探讨。第三，需要不断优化培训模式，提高培训实效性。可以结合在线培训和现场授课培训等方式，更好地满足不同学员的需求，同时也可以减少培训成本和时间。

人才是保障和提高海外利益保护水平的关键因素，只有拥有专业、高素质、高技能的人才队伍，才能更好地保障中资企业和华侨的安全和发展。

第一，需要加强人才队伍的选拔和培养。对于涉及海外利益保护的岗位，需要对应招聘和培养相应的人才。在招聘阶段，需要以拥有海外背景和多语种能力等为重要条件；在培养阶段，需要注重培养实践和动手能力、管理和领导能力，以应对不同情况和挑战。第二，需要制订完备的人才培养计划和方案，对不同层次的人员进行分类培养。例如，在高层次人员的培养计划中，需要注重传授战略规划、领导决策等方面的能力，提高其在全局中的分析和抉择能力。在中层次人员的培养计划中，需要注重传授管理和组织协调等方面的技能，提高应急处置方面的能力。在一线人员的培养计划中，需要注重提高技术和操作能力，深化对海外地区的了解和适应能力。第三，需要加强人才队伍的激励政策，以提高其工作积极性和效率。例如，可以设置激励机制，根据其工作表现给予奖励或晋升等方面的激励，达到稳定人才队伍的目的。

总之，要想有效运营全域全向多元立体的海外利益保护体系，需要在培训工作和人才培养方面下功夫。通过建立完备的培训体系和人才培养计划，有序培养专业人才和领导人才，进一步提高海外利益保护水平。

八、做好国际合作，实现互利共赢

做好国际协作与合作是建立全域全向多元立体海外利益保护体系的重要环节。具体而言，中国需要与海外的各方面利益相关者建立积极合作关系，包括海外各级政府、贸易组织，以及民间组织等。同时，应积极参与各种国际组织和活动，不断扩大国际合作的范围和深度，推进更为深入的经济文化交流。

在此基础上，中国需要积极推动中国本土企业与当地经济和社会有机结合，与当地政府和人民相互支持和协作，以便更快地融入当地市场，更深入地挖掘当地资源优势。

中国还应该逐渐提高国际合作的质量和水平。例如，在建立海外利益保护体系的过程中，可以积极参与多项国际合作交流机制，接受各个国家专家和政务官员的专业建议，并据此修改和完善体系。同时，还可以加强与当地异国企业的联合行动，探索业务合作的更多可能性，从而推动更为深层次和广泛的合作、共建和共享。

总之，在建立全域全向多元立体海外利益保护体系的过程中，中国需要加倍努力和不断创新，才能发挥出这个体系的最大效应。只有培养优秀人才，结合最先进技术，充分利用和发挥各个优势资源，同时与相关国家和地区建立良好的合作关系，才能为中资企业和华侨在海外的财产安全和生存空间提供全面保障，以实现安全稳定、繁荣发展的目标，同时推进国际合作实现互利共赢。

第四节　数字技术助力解决海外贸易争议和纠纷

一、跨境贸易新业态带来的消费者权益保护挑战

随着近年来以跨境电商为代表的新型国际贸易形式的出现，国际经贸纠纷逐渐向着小型化、个体化的趋势发展。以往国与国之间的贸易纠纷，目前更多以消费者与生产商和供应商之间的争议和纠纷为主要表现形式。

传统的争议解决系统，如国际仲裁等，似乎不足以解决当前在线交易中发生的大量争议。据估计，有 3% ~5% 的在线交易以争议告终。在第八次联合国全面审查《管制限制性商业惯例的一套多边协议的公平原则和规则》会议上，联合国贸发会议在其行动呼吁中强调了一项具体建议：“鼓励企业，尤其是在线平台，为共同消费者投诉提供在线争议解决机制。”

在全球数字化转型速度加快，跨境贸易和电子商务活动不断增加的背景下，消费者保护作为现代公民社会的基石，比以往任何时候都更为重要。联合国贸易和发展会议 2017 年指出，“在数字贸易市场中，消费者信任是电子商务发展的主要挑战之一”。信任是电子商务的基本支柱，数字社会和经济正常运行离不开信任。然而，一方面电子商务发展迅猛；另一方面，消费者信任依然脆弱，很多跨境贸易环节仍然存在信息孤岛。如果不采取行动提高消费者的信心，可能会引发更大范围的消费者不满和更深程度的消费者信任缺失。(见图 4 -5)

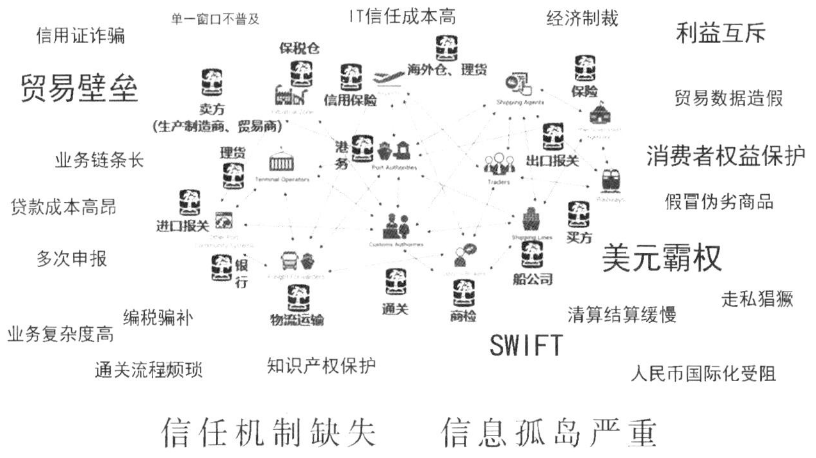

图4－5　全球贸易面临信任缺失挑战

二、跨境电子商务当中的消费者保护问题

跨境电子商务是一个复杂的网络，涵盖物流、保险、银行等多个流程环节（见图4－6）。联合国贸发会议对全球电子商务纠纷做过大量的研究，2017年7月召开的消费者保护法和政策问题政府间专家组会议指出，常见的跨境电子商务纠纷发生于如下几个阶段。

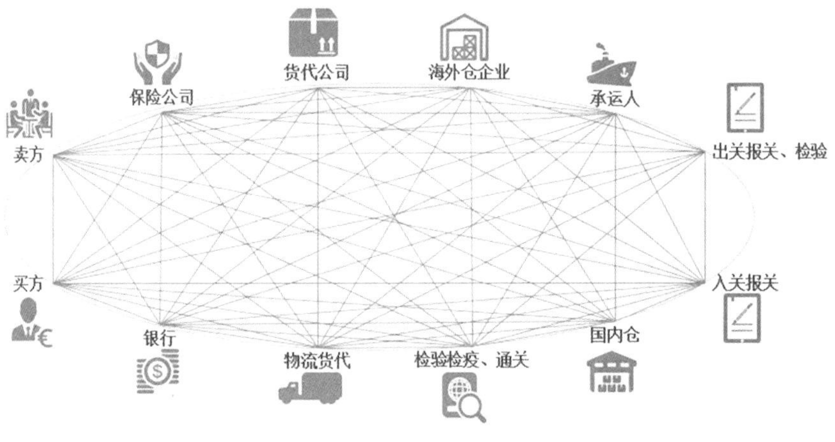

图4－6　跨境电子商务涵盖节点

（1）购买前。购买前未能向卖家展示详细充分的商品及商家信

息，使消费者不能迅速、便捷和有效地与企业沟通，发生争执时不能得到适当和切实解决。这种不公平的商业做法包括在产品的真实情况上欺骗消费者、向消费者提供不真实的信息、使用过度营销技术、混淆与竞争对手的名称和商标、假装消费者并以消费者的名义张贴评语等。

（2）购买中。使用不公平的商业条款，不对货物和服务、条款、条件、有关费用和最后成本等提供完整、准确、无误导的信息，使消费者无法对商品作出全面评估。在线支付安全问题，包括消费者数据在没有得到消费者了解和同意的情况下被未经授权的第三方获取，付款不可撤回、延迟确认，付款在银行、支付网关或接收付款的公司之间被拦截等。数据保护和隐私问题，包括商家在收集和使用消费者个人数据时未建立适当的控制、安全、透明和同意的机制。

（3）购买后。在货物未交付、所交付货物令人不满意或与订单要求有重大差别时的责任追偿及退货和退款安排。在这个阶段，消费者可能难以联系到供应商，或难以找到与企业沟通的方式。

三、消费者争议解决方式

（一）传统争议解决方式

传统的争议解决方式往往建立在中心化框架之上，即争议双方都需要指定一个被认可的第三方，由第三方对纠纷进行裁决。第三方可能是政府指定的机构，如法庭等，也可能是民间机构，如行业协会、调解机构、双边贸易平台等。传统的中心化争议解决方式的一个重要核心是争议双方都需要对中心化的第三方机构信任（见图4－7），这就要求中心化的第三方机构具有一定的权威性、专业性、可执行性、公信力等。然而，当中心化的第三方机构满足了这些要求之后，又会出现效率低、成本高、执行力弱等系统性问题。

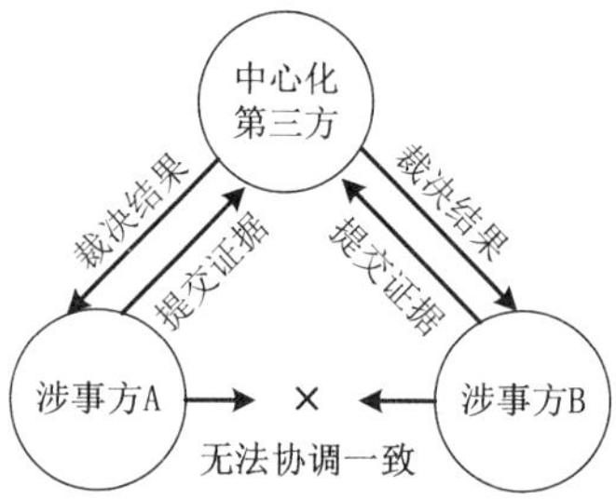

图 4－7　传统的中心化的争议解决方式

中心化争议解决方式有着悠久的历史，也是目前为止人类解决争议最常用的方式之一。中心化争议解决方式主要包括以下几种：法庭判决、仲裁机制、替代争议解决、在线争议解决。

（二）联合国保护消费者准则

消费者争议解决具有明显的法律性质。随着司法途径的不断发展，消费者保护准则也进行了相应更新，有关争议解决的部分如表 4－1 所示。争议解决和补救有助于培养消费者的信任和建立更具竞争力的市场。欧盟委员会估计，运行良好且透明的消费者纠纷解决方案每年可节省 225 亿欧元，相当于欧盟 GDP 的 0.19%。

表 4－1　联合国保护消费者准则中争议解决和补救相关内容

序号	具体内容
37	会员国应鼓励发展公平、有效、透明和公正的机制，通过行政、司法和其他争议解决办法解决消费者投诉，包括跨境案件。会员国应制定或维持法律和（或）行政措施，使消费者或有关组织能够酌情通过迅速、公平、透明、廉价和可获得的正式或非正式程序获得补救。这种程序应特别考虑到易受伤害和处境不利的消费者的需要。会员国应向消费者提供获得补救办法的机会，使其不会对所涉经济价值造成成本、拖延或不当负担，同时也不会对社会和企业造成过多或不当负担
38	会员国应鼓励所有企业以迅速、公平、透明、廉价、方便和非正式的方式解决消费者争议，并建立自愿机制，包括咨询服务和非正式投诉程序，为消费者提供帮助

续表

序号	具体内容
39	应向消费者提供关于可采取的补救措施和其他解决纠纷程序的资料。应加强利用争议解决和补救机制，包括替代性争议解决机制，特别是在跨境争议中
40	会员国应确保集体解决程序对消费者和企业都是迅速、透明、公平、廉价和可获得的，包括那些与过度负债和破产案件有关的程序
41	会员国应与企业和消费者团体合作，促进消费者和企业了解如何避免争议、解决争议解决和消费者可利用的补救机制，以及消费者可以在何处提出投诉

资料来源：UNCTAD

四、利用数字贸易基础设施弥补在线争议解决的不足

跨境电子商务的交易双方在遇到纠纷时，往往无法面对面解决问题，并建立信任，且国家之间法律、惯例、语言文化和习俗存在不同，对跨境电子商务争议纠纷解决带来很大阻碍。在线争议解决虽然可以解决部分问题，但目前来看，仍然存在一些缺陷。数字贸易基础设施是支持跨境贸易网络的一系列数字基础设施，它不是特定的技术或产品，而是技术解决方案的组合。数字贸易基础设施将新一代信息技术应用其中，以降低人为干预、减少信息孤岛、降低交易成本、提供更高的数据可信度等为目标导向，来弥补传统在线争议解决的不足。数字贸易基础设施的主要技术体系包括区块链、人工智能等。

五、利用数字贸易基础设施解决争议纠纷的好处

利用数字贸易基础设施解决争议的本质是基于区块链、人工智能等技术实现去中心化争议解决。裁决由涉事双方所在的区块链平台上的多位匿名用户共同决定，无须涉事双方对第三方的信任，甚至无须信任区块链的设计者和维护者（见图 4 -8）。

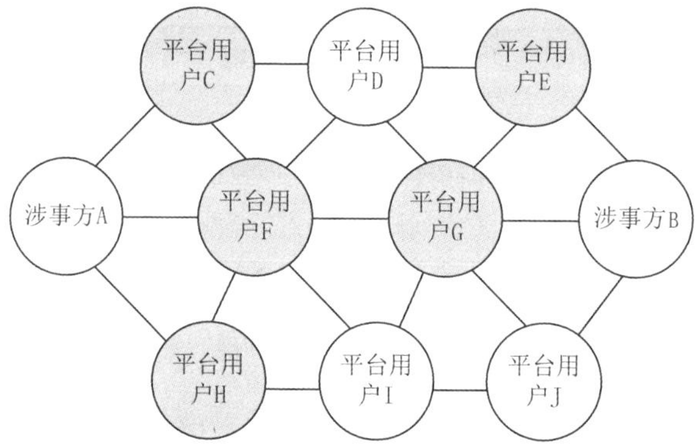

图4-8　去中心化的争议解决方式

注：灰色代表从所有用户中随机选择的部分不相关的用户，将其作为仲裁员

尽管利用数字贸易基础设施进行争议解决方式并不能解决在线争议解决的所有弊端，但相比在线争议解决，仍具有以下一些优势。

（一）保护隐私

数字贸易基础设施的一个优势就是采用非对称加密技术，使区块链网络的加密性比传统网络高了许多，这使双方涉事人及仲裁员的隐私可以得到充分的保护。传统网络的中心服务器可以通过入侵服务器，对加密方式进行破解而获得用户隐私，继而用于诈骗、勒索等犯罪活动。而数字贸易基础设施可以使加密破解的难度增加，且不会造成大量用户的隐私被泄露。此外，隐私保护更利于避免因为涉事人员国籍、种族、肤色、性别、使用语言等原因引起仲裁者的偏见。

（二）确保存证安全

中心化的服务器可能会因为服务器遭受物理损坏或黑客攻击，造成服务器存储的数据丢失或被修改。数字贸易基础设施采用的是分布式存储，一个网络节点的数据被损坏不会影响数据的完整性，而所有节点的数据同时被损坏是概率极小的事件。因此在数字贸易基础设施中的证据、裁定意见，以及裁定结果会被长期保存，便于案件复审。

（三）无需中心化的信任

争议涉事方无须中心化第三方的信任就可以在数字贸易基础设施中

实现争议解决，避免了中心化第三方的一些弊端。例如，在中心化的解决方案中，争议涉事方可能会担心另一方是否会因为贿赂而影响中心化第三方的判断，或者因为中心化第三方的操作人员专业性不足而不能作出公正的判断，又或是因为中心化第三方自身利益而影响了判决等。去中心化的争议解决方案则可以避免这些问题，争议涉事方无须对某个机构或个人信任，也可以完成争议解决。

（四）保证执行效率

传统的在线争议解决裁决结果不具有强制执行力，但可以作为法庭审判的重要参考之一。在线争议解决不具有强制执行力是由其本身的性质决定的，在在线争议解决过程中，仲裁方并没有对涉事双方的资产或者资源进行处置的机制，同时也没有处置的权利，是否能执行依赖涉事双方对裁决结果的认可程度和涉事双方的主动执行意愿。而涉事双方在数字贸易基础设施中都具有数字资产，因而对涉事双方，以及参与仲裁的用户的数字资产拥有处置机制。处置机制是由代码自动执行的，不以人的意志为转移，因此在执行上天然具有可操作性，仲裁结果也可以继续作为法庭审判的重要参考之一。

（五）提升争议纠纷解决效率

数字贸易基础设施应用人工智能等技术，通过机器翻译、RPA、语音识别、图像识别等，消除争议双方沟通障碍，可以为跨境电子商务争议取证数据上线提供便利方案。此外，人工智能还可以帮助建立自动案例库、自动专家库、自动评估系统，以及快速匹配系统等，大批量、高效率解决争议，促使争议解决时间更短、费用更少、仲裁更公平。许多国家已经开始在争议解决中采用人工智能技术，少数国家探索在低价值、低复杂性的争议解决中使用人工智能技术代替法官。爱沙尼亚在这方面走在前列，该国设计了一个系统，允许人工智能在价值低于7000 欧元的纠纷案件中作出裁决（由人类法官上诉）。

第五章

中国海外利益保护案例

第一节　巴基斯坦7·14公交车爆炸事故案

案例类型：恐怖主义犯罪案

一、案情提要

中巴友谊一直是外交史上的一段佳话，中国和巴基斯坦也保持着的“全天候战略合作伙伴关系”。所谓“全天候”，就是不论国际局势风云变化，友谊始终如一。如此外交美谈，却让一些别有用心之人“眼红”，企图破坏中巴友谊，在屡屡受挫之后，甚至不惜采用十分残忍的手段制造恐怖事端，试探中国底线。对于这样的事件，中国向来是严厉谴责的，并且会更加注重中国企业和中国工人在海外的利益保护，加强与巴基斯坦方面的团结与合作。那些阴谋挑拨中国和巴基斯坦间“铁杆”关系的活动终将会以破产和失败告终。

巴基斯坦当地时间 2021 年 7 月 14 日上午 7 时左右，由中方企业所承建的开普省达苏水电站，出勤班车在赴工地现场的途中发生了爆炸。出勤班车是项目部为了方便员工通勤专门准备的用于上下班的公交车，车上共载有 30 多名建设工作人员，既有巴方人员也有中方人员。爆炸导致了公交车的发动机起火，车辆坠入了峡谷，并有人员失踪。巴基斯坦方面的救援行动随之展开，整个政府机构动员了起来，军方也出动了军机进行伤员转运，当地为伤者提供一切可能的援助。

中国党和政府高度重视该事件，党和国家领导人第一时间作出重要批示，要求全力抢救伤员，做好伤亡人员善后工作；迅速查明情况，深入评估有关安全风险，尽最大努力保障中方人员生命安全。中国驻巴使馆在第一时间启动应急预案，联系巴基斯坦军方、外交部等相关部门，要求巴方不惜一切代价进行全力救援和救治，加强对中方在巴机构、项目、人员的安保，并尽快查明此次事件的真相。

对于事故的发生原因，伴随着调查的深入也逐渐水落石出。巴基斯坦外交部7月14日发表声明称，该事发车辆是因“机械故障导致气体泄漏，引发爆炸使得班车坠入峡谷”，同时，事发当地一名高级警官证实了这一事件，但是表示“这是一起严重爆炸事件，但其性质尚不清楚”。7月16日，中国公安部刑侦局官方微博消息称，根据巴基斯坦方面调查及通报情况，这是一起针对中国在巴人员的恐怖袭击，中方对实施这一暴行的组织和人员予以强烈谴责；公安部已派刑侦专家协助调查。经过1个月的调查后，8月12日，巴基斯坦首都伊斯兰堡举行新闻发布会，巴基斯坦外交部部长沙阿·马哈茂德·库雷希表示，达苏公交车爆炸案是一起由印度和阿富汗情报机构支持的自杀式炸弹袭击。库雷希表示，现场找到了袭击者的手指和身体其他部位。经过法医对袭击者遗体的检查，袭击者并不是巴基斯坦公民。在公交车发车后不久，1名自杀式袭击的恐怖分子驾驶一辆银色轿车混入项目车队，该轿车装载了100~120公斤的高爆炸性炸药。袭击者驾车撞向了班车并引爆了炸药。经过进一步调查，巴基斯坦调查组认为是阿富汗国家安全局和印度调查分析局策划了此次袭击，而恐怖袭击的实施者是臭名昭著的恐怖组织“巴基斯坦塔利班”的斯瓦特分会。袭击者在阿富汗受训，其使用的车辆是从阿富汗购入。7月28日，2名嫌疑人因涉嫌参与袭击达苏水电站通勤班车被捕，其余人员在阿富汗境内。据中国外交部领事司消息，2021年7月23日，9名在巴基斯坦恐袭事件中遇难的中方人员遗体搭乘中国民航包机回到祖国。中方将继续要求并坚定支持巴方动用一切必要手段，认真、负责、准确查明真相，尽快将凶手绳之以法，并采取切实有效措施加强对在巴中方人员、项目和机构的安全保护，坚决防止类似事件再次发生。

7·14公交车爆炸事故发生后，达苏水电站一度陷入停工，而停工的原因是出于安全方面的考虑。一方面，项目部当日起暂停现场施工作业，把主要精力投入救治伤员和遇难者善后等应急处置工作中；另一方面，中国公安部请巴方全面排查中方在巴人员、机构、项目安全风险，堵塞漏洞，加强安全预警，强化安保措施，尽最大努力保障中方人员生命安全，防止类似事件再次发生。

事件发生后，该项目已于2022年1月复工。

二、背景延伸

中巴经济走廊：中巴经济走廊于2015年4月20日启动，是加强中巴之间交通、能源、海洋等领域的交流与合作，加强两国互联互通，促进两国共同发展的项目。该项目最早是由时任中华人民共和国国务院总理李克强于2013年5月访问巴基斯坦时提出的。该经济走廊起点位于新疆喀什，终点在巴基斯坦瓜达尔港，全长3000千米，北接“丝绸之路经济带”，南连“21世纪海上丝绸之路”，贯通南北丝路关键枢纽，是一条包括公路、铁路、油气和光缆通道在内的贸易走廊。中巴经济走廊在能源项目、农业项目、港口建设、公路建设、铁路建设、通信建设经济园区、机场园区和卫生合作等领域取得了重大的成果。

巴基斯坦塔利班：巴基斯坦塔利班，简称“巴塔”。“塔利班”在普什图语中是“宗教学生”的意思，也称“学生军”。巴基斯坦塔利班是巴基斯坦政府和国际社会普遍认定的恐怖组织。巴基斯坦塔利班与阿富汗塔利班具有明显的区别，是两个不同的组织。一般所称的“塔利班”指的是阿富汗塔利班（简称“阿塔”），是阿富汗举足轻重的军事和政治力量。巴基斯坦塔利班可谓是罪行累累，其承认参与制造了包括奎达酒店爆炸在内的多起恐怖袭击，并且经过巴基斯坦政府调查，其参与实施了7·14公交车爆炸事故案。

三、成败反思

中国企业“出海”的东道国中，有一部分是发展中国家，甚至有一些是极不发达的国家，这些国家内部可能会存在社会不稳定因素，中国外派的企业和工人有时会卷入当地的矛盾和冲突中。近年来，针对中资企业和中国工人的恐怖袭击、绑架、抢劫、盗窃等犯罪活动日益增多，而自然灾害、疾病等因素也成为影响中资企业和中国工人生命财产安全的重大因素。安全问题成为中国海外基础设施援建必须考虑的首要问题。中资企业和中国工人必须从系统性的角度考虑安全保障工作，尽量利用当地可以利用的安全资源，不留下任何一个安全隐患。

第一，评估所在国家的安全状况，建立应急预案。对于所在国家安全状况的评估应当纳入项目施工规划的方案，并且这样的安全评估要覆盖自然、政治、社会、文化等多个方面，形成综合系统的安全评估报告。对于当地显著且特有的安全问题，如中东一些国家的恐怖袭击、非洲一些国家的疾病，以及各种自然灾害等，要进行针对性的调查和评估。在评估的基础上，根据评估结论制定具体的事件应急处置方案，并且根据方案做好平时的准备和演习工作。

第二，了解当地的法律和政策。一方面，中资企业和中国工人应当在前往海外国家前认真学习当地的法律和政策，避免违反这些法律和政策，特别是注意一些独特的、与国内有所不同的禁止性规定，如有的国家将中药药物的部分成分列入管制类物品，因此在前往该国时不能携带此类药品；另一方面，中资企业和中国工人要擅长利用当地的法律和政策对自身的生命财产安全进行保护，明确当地法律和政策对不法侵害的界定边界以及当地警方的保护能力，在遇到规模和程度一般的不法侵害时及时报警或寻求诉讼途径解决，当通过当地法律和政策无法解决时，及时寻求外交渠道的保护。

第三，要将安全防范的相关支出进行预算并且列入基本经费开支。在海外参与建设的中资企业，一般都拥有雄厚的经济实力，往往能满足企业和工人在海外的众多必要开支。因此，中资企业和中国工人应当在预算编制中更加重视安全防范支出的部分，将其列入基本支出，并尽量根据实际情况逐步增加预算。同时，要将一部分资金作为常态化的储备，用于应急情况下的开销，这些资金的储备最好是现金，并且以当地货币和国际主要货币（如人民币、美元、欧元）相结合的方式按比例进行存储，以备不时之需。

第四，加强安全宣讲教育。在中国工人前往目的地国家参与建设活动之前，政府或企业应当进行相应的培训和教育，对当地独特的安全形势做针对性的培训，普及中国驻当地使馆的联系方式，并要求中国工人熟记。对于当地的报警电话、火警电话、急救电话，以及施工工地就近的警察局、医院和消防站地理位置也要进行普及。必要时，可以制作安全卡片，将必要的联系方式印刷在卡片上，也可将相关的安全须知制作成安全手册，一并分发给中国工人。在当地进行建设时，中资企业也需要定期组织安全学习和培训。

第二节　孟加拉国“帕亚拉电站”工人冲突案

案例类型：劳工纠纷案

一、案情提要

孟加拉国始终是中国的合作伙伴和亲密朋友，中国的国有企业和民营企业投资了大量资金用于孟加拉国的基础设施建设，特别集中在能源、交通和电力等领域。能源领域是孟加拉国急需建设的领域。孟加拉国是世界人口第八大国，共有1.6亿左右人口，而孟加拉国的国土面积却是十分狭小，它是世界上人口最稠密的国家之一。这样的情况使孟加拉国有极大的电力需求，不仅工业生产中需要电力，国内居民的日常生活也需要电力。但是，孟加拉国是一个相对贫穷的发展中国家，自身的电力系统难以维持这样的消耗，国内长期电力匮乏，甚至总人口中有3%无法用电。

孟加拉国依靠自身无法解决的问题，随着“一带一路”倡议的落地生根而产生了转机。2016年10月，习近平主席对孟加拉国进行国事访问，双方宣布将两国关系提升为战略合作伙伴关系。在习近平主席与孟加拉国总理哈西娜的共同见证下，两国政府签署了《中华人民共和国政府与孟加拉人民共和国政府关于开展“一带一路”倡议下合作的谅解备忘录》。该备忘录中就包含孟加拉国帕亚拉2×660兆瓦超超临界燃煤电站在内的中孟重大合作项目。孟加拉国“帕亚拉电站”是目前孟加拉国容量最大、参数最高的燃煤电站项目，是中孟政府“一带一路”能源电力领域务实合作的重要依托项目，也是孟加拉国第一个由中资企业参与投资的 PPP 项目。该电站的建成投产，对提升孟加拉国全国电力结构、保障孟加拉国的电力稳定供应具有十分重要且影响深远的作用。电站全面建成投入运行之后，预计每年可以为孟加拉国提供大约 85.8 亿度电，这些电力将极大缓解区域内电力供应紧张的局面，为当地经济发展和人民生活水平的改善提供有力保障。该电站项目也是中国方案、中国技术在世界舞台的一次重要展现。

发生于 2019 年的冲突事件是中国投资孟加拉国基础设施建设的一个不愉快的小插曲。2019 年 6 月 18 日，孟加拉国帕亚拉一处中企承建的燃煤电站工地上发生中国工人与孟加拉籍工人的冲突，造成 1 名中国工人死亡，6 名中国工人受伤。该电站是中国与孟加拉国公司共同出资建设的，双方各占 50% 股份，由中国某公司 EPC① 总承包。事件的导火索是孟加拉国帕亚拉电站建设工地中一名 32 岁的孟加拉籍工人萨宾德拉·达斯高空意外坠落，不幸死亡。这本是一件令人痛心的意外事故，但是在一些别有用心的造谣者煽动下，当地的孟加拉籍工人对中国企业和中国工人产生了敌对与负面的情绪。该工地拥有约 8000 名工人，其中大约有 2700 名是中国人。当天，部分被谣言所误导的孟加拉国工人发起了游行示威活动，并且冲击中国工人的生活区，打砸了工地的办公室、食堂、培训中心等设施以泄愤，并将 2000 多名中方工人控制在电站内长达 8 小时之久。随后，孟方工人与中方工人发生了对抗冲突，引发了群体性的暴力事件，同时部分孟加拉籍员工围攻了落单的中国籍工人，6 名中方工人受伤，1 名中方人员伤重不治身亡，另有约 10 名孟籍工人受伤。

事件发生后，当地警方接到报警，孟加拉国警方和 1000 名快速行动营士兵赶到现场迅速控制住了局势。在冲突中，部分生产设备被破坏而无法使用，由此导致整个项目不得不暂时停工。孟中电力有限公司总

---

① EPC（Engineering Procurement Construction），是指承包方受业主委托，按照合同约定对工程建设项目的设计、采购、施工等实行全过程或若干阶段的总承包。并对其所承包工程的质量、安全、费用和进度进行负责。

经理阿卜杜勒·穆拉表示，冲突给项目造成“巨大”破坏，因此已不能按双方预计的那样，明年初启动这个容量为1320兆瓦的燃煤电厂。2019年6月19日上午，孟加拉国电力、能源与矿产资源部部长前往工地调停，当日下午与抗议工人举行会谈。事件发生后，中国驻孟加拉国大使为此约见该国总统能源顾问陶菲克，对此事件进行交涉。双方一致认同，中孟是重要的发展合作伙伴，该事件不会对中孟发展合作的大局产生影响。帕亚拉电站项目中方安全总监已向当地警察局提起诉讼，约500人因此事被起诉。

事后，该电站项目逐渐恢复了建设，但是项目的建成时间还是晚于原计划，可见此次事件还是对项目的生产建设产生了长期持久的影响。2020年1月，项目1号机组完成施工，进入调试阶段。5月，项目1号机组完成可靠性试验，并获得孟加拉国电力部电力发展署颁发的商业运营许可证书。2020年5月27日消息，帕亚拉2×660兆瓦超超临界燃煤电站获得孟政府商业运营许可证书，开始向孟加拉国国家电网供电，正式进入商业运营阶段。

该项目最终于2022年完全建成。在2022年3月21日的项目落成典礼上，孟加拉国总理哈西娜出席并感谢为帕亚拉项目建设作出贡献的孟中两国全体工作人员。她表示，电力对孟加拉国发展至关重要，帕亚拉电站是孟加拉国最大的发电站，伴随项目的建成和投运，孟加拉国进入了电力百分之百全覆盖的新时代，成为第一个全国通电的南亚国家。中国驻孟加拉国大使李极明也表示，中孟友谊将在“一带一路”和“金色孟加拉梦想”① 的融合中结出新的硕果。

二、案例评析

孟加拉国“帕亚拉电站”工人冲突案是中资企业在孟加拉国投资建设工程中所遭遇的诸多群体冲突事件中的代表性事件，是中资企业在

① 据中国现代国际关系研究院南亚东南亚及大洋洲研究所研究员林一鸣解释，“金色孟加拉梦”就是使孟加拉国到2021年迈入中等偏上收入国家行列、2041年成为发达国家。

孟加拉国投资建设所产生和遇到的矛盾的缩影，对于这一案例的分析对中资企业在孟加拉国等南亚国家的投资建设活动具有重要的指导和借鉴意义。

本次事件虽然最终在中孟两国的共同努力下得到了平息，但是所造成的中国工人 1 人死亡和中孟两国工人多人受伤的后果是难以挽回的。虽然这次事件是一起由谣言所催化的群体暴力事件，但是冲突具体影响到了中资企业和中国工人在孟加拉国的形象，反映出了一定程度上积压在孟加拉国本地工人和居民心中的一些情绪。当前一段时期中资企业在孟加拉国进行投资建设活动较多，相似的小规模冲突时有发生，这需要中资企业和中国工人以此为例，谨慎注意，防范此类事件。

对于在孟加拉国以及在海外其他国家的中资企业而言，与项目落成地的工人和民众处理好关系是一个长期重要的命题，需要重视并结合当地情况认真制定方案和措施，实现工程建设与民众关系处理的协调发展。中资企业应当建立相应的应对预案，在遭到当地民众和工人围攻时，在当地法律规定的范围内解决争议和冲突，尽量避免通过暴力手段应对问题。

三、成败反思

这次事件深度揭示了中资企业在参与海外项目建设时的一个重要问题，那就是与当地工人和民众的摩擦和情绪。这样的摩擦事件并非偶然，同时也几乎无法完全避免。毕竟，中资企业开展较大的工程项目建设活动，必然会对当地造成影响，触及一些民众和团体的利益。小到生活习俗，大到经济收益，都有可能成为中资企业和中国工人与当地民众和团体产生矛盾的摩擦点。可以说，如何与当地工人和民众处理好关系已成为中国企业海外建设的难点问题，直接影响中资企业和中国工人的利益保护。因此，我们需要充分正视这一问题，不断累积经验为以后海外项目处理相关问题提供优化方案。

本次事件产生的表面原因是中资企业的建设工地上发生意外坠亡事

故和相关谣言的误导，但深层次原因则是中资企业对当地产生的影响和与当地工人、民众的利益冲突。近年来，伴随着中国和孟加拉国的更加深层次的交流与合作，越来越多的中资企业进入孟加拉国的基础设施建设领域。基础设施建设对于相对贫穷落后的孟加拉国而言自然是一件好事，如本次事件发生的帕亚拉电站落成之后使孟加拉国全国通电。但是，中资企业进入后势必会对当地产生影响和改变，甚至产生利益冲突，如基础设施的建设和开发需要占据大量的土地，容易在土地补偿问题上与当地居民产生分歧，并且建设中产生的污染和建筑垃圾等也会对当地的环境造成影响。虽然中资企业在当地的投资建设带来诸多就业岗位，但是中方工人的数量往往也是庞大的，双方在生活习惯、宗教信仰甚至是语言沟通上存在差异，往往也会成为冲突的导火索。与此同时，也有其他国家活跃在发展中国家的基础设施建设市场当中，中资企业在国际上面对许多竞争者，甚至会遭到竞争对手的恶意竞争手段，而煽动当地民众就是恶意竞争手段之一。

对这些潜在的矛盾爆发的诱因，我们应当做好如下工作：第一，充分了解和遵守当地的法律和政策。法律是民众意志的体现，一国的法律往往是一国民众意见的“最大公约数”，因此，中资企业参与当地建设时，首先要遵守当地的法规和政策。第二，妥善解决工程建设所带来的周边问题。中资企业所承担的一些规模较大的项目建设往往是直接与该国政府签订合同，在实施中容易忽略项目建设地民众的具体诉求，例如在土地征收、环境污染、生活习惯上会产生矛盾，而这些矛盾逐渐积累就容易演变成为大规模冲突。因此，在项目施工中要充分考虑和解决这些积累的周边矛盾，从小事上及时化解当地民众的矛盾情绪。第三，防止他人恶性煽动和造谣。由于国际项目建设存在一定的竞争关系，因此不排除会有竞争对手恶意的煽动和造谣，需要对项目建设所处的当地舆论环境进行及时调查。在发生意外事件和冲突时，要及时作出回应，澄清事实，不给不法分子造谣煽动中伤的可乘之机。

第三节　蒙古国与中企投资仲裁案

案例类型：仲裁/商事纠纷解决

一、案情提要

蒙古国是“一带一路”合作倡议沿线的国家，与中国长期保持着良好合作关系。蒙古国矿产资源非常丰富，已经发现和确定的矿产资源就有80多种，有800多个矿区和8000多个采矿点，其中铁矿储量有20亿吨。但是由于蒙古国自身基础建设的不足，导致这些资源难以进行长途运输，因而主要同邻近国家进行交易，或是与其他国家合作进行开采，如美国、加拿大、英国等国的国际投资公司获得了蒙古国石油的部分开采权。由于地理等因素，中国成为蒙古国进行资源开发时的良好合作伙伴。中国内蒙古自治区社会科学院、中国蒙古国研究会与社会科学文献出版社联合发布的《蒙古国蓝皮书：蒙古国发展报告（2021）》显示：中国与蒙古国的贸易关系十分密切，中国已连续18年成为蒙古国第一大投资来源国和贸易伙伴国。中国不仅直接向蒙古国采购矿产等资源，同时也采用多种方式进行联合开发，而进行国际投资就是其中的一种方式。

在国际投资中的利益保护并不仅仅是企业自身需要注意和规避风险就足够的，同时也需要国家为企业的海外活动进行保驾护航，其中最为重要的就是通过国家与国家间的协定，构筑起国际投资的国与国的基本“游戏规则”，防止他国的肆意妄为导致企业救济无门的情况。为了保护国际投资者的利益，中国政府与许多国家签订了双边投资保护协定

(Bilateral investment treaty，简称 BIT)。双边投资保护协定，是国家与国家之间为了调整国际私人投资关系而签订的有关保护外国私人投资问题的条约，是国际投资保护的重要协定。这一协定随着国际投资活动的兴旺而走向完备，并且在保护范围上不断扩大，成为国际诉讼和国际仲裁中经常出现的法律依据，是国家的公权力对私人投资行为的强有力保护。1991 年，中国与蒙古国签订了双边投资保护协定《中华人民共和国政府和蒙古人民共和国政府关于鼓励和相互保护投资协定》，即“中蒙 BIT”(以下简称中蒙 BIT)。这一协定在很大程度上促进了中国与蒙古国的双边投资，但伴随着时间的流逝，这一协定的不足也逐渐暴露出来。特别是这一类相对较早的双边投资保护协定往往将缔约双方同意仲裁的范围规定为“涉及征收补偿款额的争议”，由于协定中所载的可提交仲裁内容逐渐小于现实中所发生的实际活动，为后续的国际投资矛盾纠纷埋下了伏笔。

中国有 3 家公司共同投资了蒙古国一家企业 Tumurtei Khuder LLC(以下简称 TK 公司)，3 家中国投资公司共同持有 70% 的股份。TK 公司主要的经营范围就是铁矿石的开发等活动，蒙古国政府曾发放给 TK 公司在克赫德·索姆地区开发铁矿石矿藏的采矿许可证。然而 TK 公司的运行并不是十分顺利，在公司业务开张不久之后的 2006 年，蒙古国政府开展了针对 TK 公司的调查，认为该公司在铁矿开采中的若干行为违反了蒙古国的相关法律法规，并且于当年的 9 月直接吊销了 TK 公司在蒙古国的采矿许可证。这可以说是从根本上阻断了 TK 公司从事相关业务的可能性，打击无疑是致命的。而这不仅限制了 TK 公司，更是直接触动了 3 家中国投资公司的利益，为此它们积极寻求救济手段，而仲裁就成为其中相当重要的一个渠道。

2010 年，3 家中国投资公司就此事向海牙常设仲裁法院提起仲裁，认为蒙古政府违反了《中蒙 BIT》要求蒙古政府予以赔偿。众所周知，在进行仲裁的过程中，《中蒙 BIT》中是否约定了相关的仲裁事项将直接决定海牙常设仲裁法院是否具有案件的管辖权。囿于当时的国际经济状况和投资关系发展动向，签订于1991年的协定只考虑到了“涉及征收补偿款额的争议”，并且长期以来两国政府并没有对这一文件进行补充和完善，这导致仲裁庭对蒙古国政府吊销TK公司采矿许可证的行为没有管辖权。因此，2017年6月底，仲裁庭作出裁决，一致裁定对本案无管辖权，关于东道国是否实施了非法征收的争议只能由东道国国内法院审理。从3家中国投资公司提出仲裁开始，到仲裁作出裁决已经过去了整整7年时间，却最终没有获得一个令中国投资企业满意的结果。可以说，仲裁失败的一大原因就是中国和蒙古国间的双边投资保护协定“保护失效”，协定自身的漏洞导致中国企业在与蒙古国的仲裁活动中处于被动，最终没有挽回损失。

而对这样的结果，3家中国投资公司又试图通过司法途径获得救济，向仲裁地美国纽约的法院申请撤销仲裁裁决，并且向美国第二巡回法院上诉，但最终美国法院驳回了中国企业的诉讼请求。

二、成败反思

本案是由于蒙古国政府撤销中国投资的蒙古国企业TK的采矿许可证而引发的仲裁案件，最后以对中国企业不利的局面收场。这一案件对丁评估中国政府与其他国家政府所签订的双边投资保护协定的具体适用情况具有重要的参考意义，同时也有助于中资企业明晰在海外可能面临的来自当地政府的对生产活动的干扰。

本案中的中国和蒙古国的双边投资保护协定“保护失效”，《中蒙BIT》自身的漏洞导致中国企业最终没有挽回损失。这实际上并不是个例，以《中蒙BIT》为代表的一系列双边投资保护协定都是在20世纪末签订的，一直未更新。其中，在仲裁内容的规定方面也是如出一辙，仅仅规定了“涉及征收补偿款额的争议”以及相类似的内容。也就是说一旦在其他国家也发生类似的撤销许可证的事件，中国企业一样会面临着救济无门的不利境地。这就要求中国政府在与其他国家的交往中，不仅仅要与更多国家在更大范围上签订双边保护协定，同时要重新签订已经“过时”的保护协定，更新落后于时代的内容。

与此同时，中国企业在海外投资时自己也需要进行风险评估，评估内容既要包括投资国的政治与经济环境，也要包括中国与该国家的外交情况以及双边保护协定的情况，特别是要对双边保护协定的具体内容是否能够覆盖企业项目的核心利益进行分析。此外，中国企业对在海外所可能发生的风险和危机也要有相对清晰的认知和预判，并且提前做好应对措施。

第四节　中企收购哈萨克斯坦 PK 石油公司案

案例类型：企业国际收购类

一、案情提要

位于中亚地区的哈萨克斯坦是世界上最大的内陆国家，石油和矿产资源丰富，同时也是中国的陆上邻国。长期以来，哈萨克斯坦与中国保持着亲密的外交关系。自 1992 年正式建交以来，中哈两国关系走过了不平凡的发展历程，取得了令世人瞩目的丰硕成果。2019 年 9 月 11 日，中国国家主席习近平在人民大会堂同哈萨克斯坦总统托卡耶夫举行会谈。两国元首一致决定，双方将本着同舟共济、合作共赢的精神，发展中哈永久全面战略伙伴关系。对经济快速发展的中国来说，哈萨克斯坦丰富的石油和矿产资源是重要的进口对象，而哈萨克斯坦也从与中国的贸易中获得大量利润。但是，这样友好的经贸合作总会面临来自各方的压力和冲击，甚至会受到竞争对手的敌视、搅局乃至破坏，并且在利益问题上也有可能出现冲突。

在石油领域，随着中哈两国合作的密切，中国石油企业逐步开始收购哈萨克斯坦当地石油企业，以保证石油的进口。2005 年 8 月 22 日，中国石油企业宣布通过其全资拥有的国际公司竞购哈萨克斯坦石油公司（以下简称 PK 公司）。PK 公司是一家 1997 年在加拿大注册的国际石油公司，在加拿大、美国、英国、德国和哈萨克斯坦证券交易所上市，年原油生产能力超过 700 万吨。中国该企业一旦可以成功收购 PK 公司，那么对中国的石油发展具有重要的意义。中国该企业用了 3 个有利于来描述此次海外收购：一是有利于依托在哈长期油气合作的基础，发挥现有项目与收购资产的协同效益，促进在哈业务的发展；二是有利于发挥该企业独特的技术优势和管理经验，提升收购资产的价值；三是有利于增加在哈油气领域的投资，促进哈当地经济发展。同时，收购本身也将给哈萨克斯坦石油公司股东带来增值效益，有利于促进哈萨克斯坦本国境内的石油工业发展。

但是，这样对中国和哈萨克斯坦相互利好的合作活动，往往会遭到来自其他国家的竞争企业的插手。收购之初，印度石油天然气公司与全球最大钢铁生产商米塔尔钢铁集团联手竞购，其在第一轮的竞价中报价更是每股比中国该企业的竞价高 1 美元，明确是要阻止中国该企业对 PK 公司的收购。该企业最终还是提高竞价，并且在收购中击败了对手，初步确定了对 PK 公司的收购。对这样的结果，其他竞争者自然不会轻易罢休。10 月 4 日，俄罗斯卢克石油公司正式向斯德哥尔摩商会仲裁院提出反诉申请，认为中国该企业的收购违反了合资公司关于"优先购买权"的规定，主张 PK 公司的部分股权要优先出售给俄罗斯卢克石油公司。一周之后，卢克公司又向加拿大法院提出申请，要求该法院阻止 PK 公司与该企业的交易。10 月 18 日，PK 公司在加拿大阿尔伯塔省卡尔加里开股东大会，经投票表决，高票通过中国所属的国际公司以每股 55 美元的价格 100% 收购 PK 公司。而根据交易程序，PK 公司股东大会的表决结果需经过加拿大阿尔伯塔省卡尔加里法院的批准才可生效。而在 10 月 18 日法院听证会上，由于俄罗斯卢克石油公司的律师就 PK 公司所属资产之一的图尔盖油田优先权问题向法院提出了申辩。为此，法院决定推迟至 10 月 26 日裁决。这样一来，经过重重竞争的收购活动看似即将以中国企业的获胜而结束，只要等到加拿大法院裁定收购有效。

然而，此时却又发生了来自哈萨克斯坦政府的干扰。哈萨克斯坦国会上议院通过了禁止外资转让国家石油资产交易的法案。据 10 月 24 日新华社电，哈萨克斯坦政府突然以违反哈萨克斯坦反垄断法为由，对

PK 公司处以5亿多美元的巨额罚款。哈萨克斯坦匆忙修改了该国有关开采利用石油等自然资源的法律。修改后的法律加强了国家对能源领域的控制，哈萨克斯坦政府不但有权封杀在能源领域中的收购交易行动，同时也有权强行收购能源企业。哈萨克斯坦政府此举实际上并不是为了这些罚款，而是为了为进一步加紧对本国能源领域的控制。由于 PK 公司在加拿大注册，因此哈萨克斯坦政府无法直接对 PK 石油公司的并购进行决定，但是可以通过诸如此类罚款的方式进行干涉，其根本意图就是不想让外国企业控制 PK 公司这一在哈萨克斯坦具有重要影响力的石油公司，从而减少哈萨克斯坦本国的石油资源被外国进行控制的程度。在这样的情况下，如果中国企业成功对 PK 公司实现收购，那么极有可能要为 PK 公司支付这5亿多美元的罚金。但是，已经决心对 PK 公司进行收购的中国企业是不可能因此而放弃收购的，一定会迎难而上，直面冲击。

当地时间 2005 年 10 月 26 日，加拿大艾伯塔高等法院法官下达了书面判决，裁决批准中国该企业以41.8亿美元收购 PK 公司，至此收购 PK 石油公司完成了全部的法律程序。这个被称为当时中国企业最大的海外收购案终于扫清了最后一步障碍，成功实现了收购。虽然从初次报价到最终交易完成仅仅两个多月的时间，但其过程是曲折复杂的，其曲折复杂性最终表现在收购成本的增加。这种成本的增加并非收购中的必要，而是面对竞争对手以及其他压力时为了确保收购最终完成所作出的牺牲。可以说，即使这次收购成功进行，但也是付出了许多额外代价的“惨胜”。并且，这次收购也面临着诉讼的风险，好在最终的裁决结果有利于收购。

成功收购哈萨克斯坦 PK 公司，为中国企业在哈萨克斯坦的石油产业建立了一块坚实的阵地，对于中国的石油进口保障具有重要意义。此次收购之后，中国该企业将拥有 PK 公司在哈萨克斯坦诸多油田的权益，将为中国提供一个充足的石油进口来源，也拓宽了中国企业在哈萨克斯坦等石油丰富国家的发展渠道。

二、案例评析

本案是一次在能源领域成功的海外收购案，虽然收购的历程只有短短的两个月，但是在这两个月中各利益方都展开了残酷的角逐和较量，最终中国该企业还是顶住了来自多方的外部压力，成功实现了对 PK 公司的收购。此次收购是当时中国最大的一笔海外收购，对中国在能源领域的发展提供了又一大重要支持，也推动了中国在哈萨克斯坦开拓石油等能源业务。这既是中国和哈萨克斯坦之间能源合作的典范，同时也是中国在海外收购业务中的一次重要突破，积累了宝贵的经验。

海外收购已经逐渐成为中国企业向外拓展海外业务的主要手段之一，因为收购当地企业不仅可以免去重新建设的负担，同时也可以直接获得在当地的发展“支点”，以便更好地开展跨国业务。因此，在部分国家的重点跨国收购项目往往成为中国企业在这一国家从事相关领域活动的重要拐点，对打通这一国的内部市场具有开创性意义。因此，在中国企业的海外活动中，要充分重视收购这一手段。但同时，在国际市场中的收购也不可避免会受到来自各方的竞争与打压，在收购时要做好对包括额外资金、法律风险在内的不确定因素的应对措施。

三、成败反思

在海外收购中，来自外部力量的竞争和阻挠几乎是无法避免的，因此中国企业能做的就是提前做好对不利情形的应对准备，在追求成功收购的目标下兼顾成本与风险。

第一，在收购前要做好分析预判工作。在某个国家的市场开辟的过程中，是否需要收购、收购哪一家企业以及如何去收购的问题都需要进行仔细论证，特别是对可能存在的阻力和竞争的预判。而这需要在收购进程之前就要对当地的法律、政策、经济等各方面都有所了解，并且进行准确的评估，将这些因素充分考虑到收购预案的制定过程中。

第二，应对可能出现的风险。海外收购中的风险是多种多样的，如竞争对手的高价竞购，当地国家政府和社会团体的阻止，甚至是被诉讼和仲裁的法律风险。可以说海外收购必然面对风险，而这些风险中又有一些必然会发生。因此，就需要做好充分完全的准备以应对可能出现的风险。例如，本案中面对竞争对手的高价竞购，中方企业应该以更高的价格做好资金预备工作。又如，被收购的 PK 公司位于加拿大，那么为了面对可能存在的法律风险，该企业的加拿大律师团队就应做好提前的准备。

第三，灵活处置收购过程中的突发事件。即使中国企业做足了提前的预案，在收购的过程中还是无法避免会出现一系列超出预案范围的突发事件，在这样的情况下就需要依靠灵活处置的原则对所发生的事件进行处理。在这样的过程中要注意价值的比较和权衡，在必要的情况下要进行一定意义上的取舍，最终使自身的核心利益实现最大化。

第五节　缅军政权更替中企遭滋扰案

案例类型：东道国政治安全类

一、案情提要

2021 年 2 月 1 日凌晨，缅甸国防军因不满联邦议会选举的结果，发动军事政变，推翻了在 2020 年赢得选举的全国民主联盟政府，致使缅甸国内一段时期内陷入暴力和混乱当中。而这次政变发生的具体原因要追溯到 2020 年的缅甸议会选举，在这场选举中，以昂山素季为首的全国民主联盟赢得了 476 个席位中的 396 席，与 2015 年缅甸议会选举相比赢得了更多的席位。缅甸军方所掌控的联邦巩固与发展党只赢得了 33 席，这引起了缅甸军方的不满，并且拒绝接受此结果。缅甸军方认为大选存在舞弊，要求推迟召开新一届联邦议会会议，并要求选举委员会对选举过程展开调查。2021 年 1 月 26 日，缅甸军方发言人苏敏敦再次呼吁选举委员会提供最终选民名单，以进行交叉核对，同时暗示如果不解决违规问题，将采取进一步措施，而缅甸 2008 年通过的《宪法》为此次事件提供了法律依据。缅甸宪法不仅赋予了军方发挥“国家政治领导作用”的权力，更是在第 40 条第 C 款规定“如果出现叛乱、暴力等非法强制方式或意图导致危害联邦统一、民族团结和主权完整的紧急状态，国防军总司令有权根据本宪法的规定接管和行使国家权力”。最终于 2021 年 2 月 1 日凌晨，缅甸军方发动政变，缅甸总统温敏、国务资政昂山素季及全民盟部分高级官员被军方扣押。2 月 2 日，缅甸国家管理委员会成立，敏昂莱任委员会主席。此后，缅甸民间抗议行动频起，抗议军方发动的军事政变，暴力活动也日日加剧。重新组建的缅甸联邦选举委员会在2月26日发布公告说，2020年11月8日举行的大选不合法、不公正，废除此次选举结果。

在这一背景下，加之国际反华势力的恶意参与和煽动，一部分不明真相的缅甸民众将抗议的矛头对准了中国，发生了对在缅甸的中资企业“打砸抢烧”事件，其中具有代表性的是3月14日在缅甸仰光莱达雅工业区发生的暴力事件。自从缅甸军方发动政变以来，以美国为首的西方国家以谴责政变为名号，冻结了缅甸军方在美的部分资产，并且试图拉中国“下水”，要求中国也对此作出谴责并且进行制裁活动。这实际上是一个陷阱。众所周知，作为缅甸的陆上邻国，中国与缅甸有非常密切的经济联系，是非常亲密的经贸伙伴。中国政府是十分清醒的，与多数东盟成员国态度一致，秉持了国际社会一贯的不干涉他国内政的基本立场。但是，这也招致了缅甸部分民众的不满情绪，他们认为中国政府不出面谴责缅甸军事政变的行为就是所谓“变相支持”，有很多诸如“中国在背后支持缅甸军事政变”等谣言在缅甸传播。而对此，外交部发言人也作了表态，称缅甸军方和昂山素季的全国民主联盟都和中国友好，并反驳了中国支持缅甸军方的谣言。而在缅甸国内局势混乱的情况下，一些海外势力也瞄准了这个机会，试图破坏中缅的友好关系，挑起针对中国人和中国企业的暴力事件。在这样的情况下，以缅甸仰光莱达雅工业区打砸抢烧事件为代表，缅甸发生了一系列的针对中国人和中国企业的暴力事件。

据媒体报道称，2021年3月14日，有20多人骑着摩托车前往缅甸仰光莱达雅工业区的中资企业、中缅合资企业、华资企业等地纵火。他们带着铁棍、斧头和汽油桶，先攻击了值班的安保人员，后在工厂门口和仓库纵火。火灾发生后，当地消防人员试图前往工厂灭火，但是有示威者阻止消防车离开消防局，在安全部队到达后消防车才得以离开消防局，但又因障碍物而无法到达火场。大火对当地的中资企业和华资企业造成了惨烈的损失，熊熊燃烧的大火吞噬了两家制衣和制鞋的工厂。在纵火后，这些暴力分子又沿街打砸，甚至扣押、袭击中国工人。在消防部门赶到现场后，还发生了不明身份人员袭击消防人员的情况。当地居民在煽动和误导下也参与了对中资企业和华资企业的打砸抢烧，不断袭击中国工人，与中资企业员工发生了长时间的对峙。随后，缅甸军警对暴力事件进行了镇压，逐步恢复了地区秩序。缅甸国家管理委员会3月14日晚宣布，在仰光部分地区实施军事管制。中国驻缅甸大使馆3月15日证实，截至3月15日中午，缅甸仰光莱达雅工业区发生的多家中资工厂遭不法分子打砸事件共造成32家中资企业受损，2名中国员工受伤，无人死亡。据不完全统计，造成财产损失2.4亿人民币。

事件发生后，中国驻缅使馆发言人对此作出了回应，要求缅甸军警迅速保护中国企业和中国公民的利益，并且进一步指出，中国对缅甸友好政策面向全体缅甸人民，受到打砸的企业为当地提供了大量的就业岗位，不法分子的行为同样损害了缅甸民众的利益。中方要求缅方采取进一步有效措施，制止一切暴力行为，依法查处相关肇事者，确保在缅中国企业和人员的生命和财产安全。这些暴力的打砸抢烧活动显然是有组织有预谋的，值得注意的是有媒体指出，早在此次打砸事件发生的前两天，在当地社交媒体上就已经有组织威胁要让中资工厂“化为灰烬”，而这也更加印证了有反华敌对势力的有意煽动和参与。很多海外势力对中国虎视眈眈，他们无法对中国本土产生威胁，便会转向那些在海外的中国企业和中国工人。再加上当前的互联网时代下，信息传播速度快，助长了民粹主义的传播。虽然缅甸军方政变和反华势力的煽动是此次暴力事件发生的主要因素，但是还有一个重要的隐形因素需要引起注意，那就是当地民众的态度问题。本次打砸事件中，组织者和煽动者充分抓住了当地民众的心理，鼓动了数量众多的当地民众参与到攻击中国企业的群体暴力活动中。这启示我们中国企业要注重社会形象和社会效益，要团结当地民众，得到他们的信任和支持。

2021年5月26日《央视新闻》消息，缅甸官方媒体称，5月24日，缅甸军事法庭对参与仰光兰达亚工业区打砸纵火的28名犯罪嫌疑人进行判处，这些人将面临20年监禁和劳役。打砸纵火所造成的损失却是难以挽回的，不仅企业受到的实质损失，更是破坏了当地大量的劳动工作岗位，使众多普通缅甸百姓失去工作机会和收入渠道——一些外国投资者逐渐关闭工厂，从缅甸撤出，导致10多万工人面临失业问题。

二、案例评析

本案是一次典型的由于当地国家的政治局势动荡而引发的对中国企业有目的、有组织的袭击和破坏行动。这次事件中，当地政治局势动荡是较大的促成因素，但是不可忽视和小觑的是，反华势力煽动和“搅局”对暴力事件的发生具有直接作用。这次事件对我们应对所在国家政局不稳情况以及应对海外反华势力的攻击都具有重要的启示意义，对于接下来在缅进行的投资建设活动也具有极强的借鉴意义。

本次事件中缅甸军警通过强制手段进行镇压，在袭击事件发生后及时控制了局势，并且最终对部分参与打砸抢烧的犯罪分子进行了逮捕和判决。中国驻缅甸大使馆也第一时间同缅甸中国企业商会和相关企业取得联系，迅速要求当地警方采取有力措施，保障中资企业及人员安全。使馆还再次向中国在缅企业和人员发出安全提示。但是，本次事件给中方人员造成的伤害和给中国企业带来的损失都无法挽回。同时，暴力事件也在一段时期内影响了缅甸中资企业的正常运作。

三、成败反思

在这类事件中，海外的中国企业和中国工人往往打得都是“遭遇战”，因为谁也无法预料某个国家什么时候会发生政变，而一旦发生政变，局势往往是瞬息万变的，身处其中的人难以抽身。正因如此，提前做好预案至关重要。

一方面，要处理好与当地民众的关系。此次事件表明当地民众对中国企业存在一定的误解和矛盾。虽然中国企业为当地提供了大量的就业岗位，但是由于这些劳动密集型企业，工人工资相对较低，加之其他因素的影响，当地居民与中国企业可能存在一些矛盾，所以才容易被煽动。

另一方面，要对海外反华势力的攻势有所防备。在海外的中国企业和中国工人要时刻关注舆论，及时澄清对中国企业的不利谣言和传闻。当发现反华势力对中国企业无端攻击时，要积极向当地警方报案，在必要的情况寻求当地政府和警方的保护。同时，在海外的中国企业和中国工人要与当地的中国大使馆保持密切的联系，遇到紧急情况时要及时通报和寻求帮助。

第六节　波兰高速公路中企折戟案

案例类型：海外工程投资类

一、案情提要

2012年，第14届欧洲足球锦标赛（以下简称“欧洲杯”）由波兰和乌克兰两国联合承办。为了保障欧洲杯举办期间中西欧国家和波兰的交通，早在2009年，波兰国家道路与高速公路管理局（以下简称“波兰公路管理局”）就计划对原有的A2高速公路进行现代化改造，将约91千米的高速公路分五个标段进行招标。波兰A2高速公路是连接波兰首都华沙和德国首都柏林的重要交通要道，是拓宽波兰与德国等其他中西欧国家的通道。对于中国企业来说，这是一个打入欧洲市场的绝佳机会，可以改变海外基础设施建设只能集中在非洲等国家和地区的经营状况。以中国某公司为例，在2012年之前，其在国际上承揽了1000多个项目，但主要集中于非洲地区，个别项目拓展到新加坡等国。所以，该企业对波兰A2高速公路项目势在必得。

出于这样的决心，多个中方企业组建了联合体，采用了经典的“中国打法”，也就是一开始给出超低的报价，后期再通过约定的方式以原材料价格上涨等原因将报价变更，最终将收益提上去。所以，在这样的思想下，中国企业联合体给出了12.88亿波兰兹罗提（约合3.33亿美元/21.7亿人民币）的报价，而这个报价居然只有波兰政府预算的46%，同时也远低于竞争对手的报价。最终，中国企业联合体中标了其中最长的A和C两个标段。A标段全长29.24千米，C标段全长20.03千米，两个标合同总价为12.88亿波兰兹罗提，约合4.47亿美元，工期是2009年10月5日至2012年5月30日（含设计期）。波兰是欧盟中第一个向中国公司敞开大门的国家，该项目也是中国公司在欧盟的首个大型基础建设项目。波兰公路管理局在选择了中国企业联合体承担项目的同时也多次开会商讨其是否能实现项目建设。同时超低报价的“中国打法”也引起了竞争对手的抗议，认为这个报价难以置信，存在倾销行为。于是，波兰公路建设协会向欧盟委员会发起了诉讼，指控中国企业联合体获得“政府补贴”进行“低价倾销”。但是最终欧盟委员会并未受理这一案件，中国企业联合体最终保住了这一项目。

然而，这样的“中国打法”在波兰遇到了致命的问题——后期提价无法实现，直接导致大额亏损。“中国打法”的核心在于项目合同中约定原材料、劳动报酬等的成本根据市场行情可以进行调价，从而合同的总价并不固定，是可以调整的，并且进一步在施工当中通过各种途径提高价格，最终实现盈利。所以，能够在后期进行调价就成为“中国打法”至关重要的第二步。但是，由于中国企业联合体急于获得这一项目，因此和波兰方面签订的合同中包含大量不利于己方的条款，特别是对于变更的问题极为苛刻，也大量限制了中国企业联合体的权利。并且波兰《公共采购法》也禁止承包商在中标后对合同金额进行“重大修改”。也就是说，中国企业联合体与波兰方面签订了“总价锁死”的合同，成为“一锤子买卖”。这种差错直接导致中国企业联合体后期无法在报价问题上作出变更，收益策略破产，奠定了这个项目走向失败的基调。与此同时，由于中国企业联合体急于获取这一项目，对当地的实际情况和法律法规政策等了解不清，错误估计了项目中所需要的其他成本，导致项目实施困难重重。

第一，款项结算问题。合同约定的工程款结款周期与中国企业联合体设想的不同，直接导致工程初期就遇到了资金周转困难的问题。按照国际商业管理以及商业合同条款，项目启动之前，业主应向承包商支付启动资金，以此保证项目启动成功。但是，在该项目的合同中却删除了这些条款，也就是说波兰方没有义务支付工程的预付款，由此导致中国企业联合体资金紧张，不得不自己先垫钱开展施工。

第二，原材料价格暴涨。在施工过程中，因国际经济形势发生变化，当地的原材料价格暴涨。合同签订时波兰经济相对低迷，沙子等原材料价格较低，中国企业联合体以当时价格估算了报价，并且和波兰方面签订了总价不能更改的“锁死合同”。但是，当项目开工后，波兰经济开始逐步复苏，波兰国内的许多建设项目动工，原材料需求猛增，因此原材料价格便也开始水涨船高。中国企业联合体与波兰方面所签订的合同中又不能以这一事项变更价格，只能吃“哑巴亏”；

第三，劳动力成本超出预期。为了尽量压缩成本，中国企业联合体原计划通过使用中国工人的方式来降低成本。但是在项目开工后却遇到了签证问题，致使中国工人无法到场，因此只能使用波兰当地的工人，这就是一笔极大的开支。而根据波兰的相关法律规定，即使使用中国工人，也必须按照波兰的工资标准支付工资。这也意味着，中国企业联合体无论使用哪国的工人，都需要支付超出报价的高额劳动报酬，这就和估价时所想象的极为不同，增加了亏损风险。

第四，工程设备租赁。项目施工时所使用的工程机械大多是当地租赁的，成本相对较高。并且根据波兰当地的法律和政策，这些机械需要符合波兰资质要求的人员操作，聘请费用又是一笔较大开支。

第五，环境保护问题。中国企业联合体显然低估了环境保护问题在该项目上的具体影响。波兰 A2 高速公路会途径一些自然保护区，自然保护区中有一些如雨蛙等珍稀物种，波兰方面对此十分重视，然而中国企业联合体却似乎并没有太将此事放在心上。结果导致施工一半时，在波兰政府的极力要求下，中国企业联合体不得不停工专门来“转移”雨蛙等珍稀动物，以此实现对环境和野生生物地保护。这不仅意味着工期暂停，也意味着需要额外的成本。在这一项目中，中国企业联合体花费在环境保护方面的成本也高于其他项目的一般水平。

第六，中国企业联合体的内部矛盾。中国企业联合体是中海外牵头下由多家单位联合共同建立的，其中还包括波兰本地公司。不同公司在项目合作中容易产生摩擦和内耗，特别是项目进行得并不顺利，不仅预期的利益没有实现，甚至要发生亏损。联合体内部的摩擦产生，合作最终走向破裂，而这也是中国企业联合体无法进行建设的一个原因。

最终，中国企业联合体不得不因为巨额亏损终止了项目。中国企业联合体于2011年5月中旬，因拖欠分包商工程费用而被迫停工，整个项目因成本管理失控、无法获得合同外工程变更补偿等种种原因，面临3.94亿美元（约合25.45亿人民币）的潜在亏损。最终，波兰高速公路管理局公开宣布解除了与中国企业联合体签署的工程承包协议，这也使中国企业联合体面临波兰方面的违约索赔。同时中国企业在国际上的口碑也受到了极大的影响。

二、成败反思

此次中国企业联合体的失败教训惨痛，有很多值得中国企业反思和总结的经验。特别是在中国企业不断向欧洲和北美洲等发达国家市场进军时，一定要注意市场环境和规则的改变，这样才能够不断提升自身的竞争力，最终实现在国际上能够和发达国家的企业竞争，以获得更多高质量的项目。

第一，要在海外进行商业活动一定不能急于求成，而是要注重稳扎稳打。特别是本案这种具有关键性意义的项目，更是要慎重，尽量不去冒未知的风险，以免造成更大的损失。在形势和规则都越来越复杂的国际市场，长期发展和繁荣的关键往往就是稳定性。

第二，要让"信息先行"，避免冒进。本案中虽说失败的主要原因在于"中国打法"在波兰失灵，但是如果中国企业联合体能够提前了解波兰当地的法律政策、自然人文环境和商业规则等内容，那么可能就不会轻易使用"中国打法"，甚至不会轻易冲击波兰A2高速公路项目。匮乏的信息使中国企业联合体并没有意识到这次项目与他们之前承担过的项目不同，而这很大程度上影响了其判断力。因此，无论是做怎样的项目，信息的保障一定是先于决策的。

第三，要注意当地的独特情况，防止路径依赖。本案中最令中国企业联合体意想不到的也许就是传统经验的失灵，无论是“中国打法”的失效，还是人员工资、工程机械和环境保护的成本，都与他们此前在亚非拉国家承揽项目所形成的认知不同。而这就启示中国企业在海外承揽项目时，要注意不同项目的独特之处，防止固化经验所形成的路径依赖。

第七节　希腊最大港口比雷埃夫斯港成功被中企收购案

案例类型：港口投资类案件

一、案情提要

北京时间2021年10月25日，中国某企业收购希腊比雷埃夫斯港（以下简称比港）港务局第二期股权交割确认书交换仪式，以视频连线的方式在中国北京和希腊雅典、比雷埃夫斯港三地同步举行。比港港务局第二期16%股权交割的顺利完成，意味着中国企业至此完成收购比港港务局67%的股权。此前，2016年8月10日，中国企业与比港港务局完成第一期51%的股权交割。

比雷埃夫斯，希腊语意为“扼守通道之地”。比港是希腊最大的港口，是希腊首都雅典的外港，距离雅典仅有9千米。比港是欧洲重要的渡轮港口，也是地中海重要的邮轮母港、汽车船中转港和修船中心。这一港口南临地中海，北靠巴尔干半岛，陆上直通港区的铁路线延伸至中东欧腹地，是地中海地区重要的港口，具有得天独厚的区位优势。2008年国际金融危机的发生严重冲击了欧洲国家，导致比港的经营受到极大的影响。2018年，中国企业成功中标，获得比港2号、3号集装箱码头35年特许经营权，而这也被誉为是比港“重生”的起点。2009年，始于希腊的欧洲债务危机发生后，包括希腊在内的整个欧盟国家都受到了债务危机的困扰，比港的业务也受到了极大的冲击而经营惨淡。世界上许多国家认为，深陷债务危机中的希腊不具有投资价值。在这样的情况下，中国企业顶住重重的压力和风险，没有放弃这一地中海重要港口。

近些年来，伴随“一带一路”倡议的生根发芽，中国与地中海沿岸国家建立了深厚的合作关系，希腊作为“一带一路”上的重要国家，自然成为中国企业的重点投资对象。即使是在欧洲债务危机的背景下，中国企业也没有停滞在希腊的发展步伐。中国企业获得了特许经营权后，采取了一系列重大切实有效的措施来恢复比港的正常运营，不仅投入大量资金来改建和维修老旧的码头，同时还引进了许多现代化的设备，集中力量开拓市场，增加港口吞吐量。在这样的努力下，比港的运营不仅恢复了正常，逐步实现盈利，并且彻底实现扭亏。与此同时，中远海运集团在比港的开发也为当地提供了大量的就业机会，使很多因为欧洲债务危机而失去工作的希腊人能够回到工作岗位进行劳动。

正是中国企业踏实认真地经营，使得比港能够重新恢复生机，而这也为中国企业在希腊留下了良好的口碑，使希腊方面可以放心地将比港进一步交给中国企业。于是，2016 年 4 月 8 日，中国企业和希腊共和国发展基金签署协议，以 3.685 亿欧元收购比港港务局 67% 的股权。2016 年，中国企业成功收购比港务局多数（51%）股权。2019 年 11 月 11 日下午，正在希腊进行访问的习近平主席不辞辛劳来到比港项目参观，受到港口员工的热烈欢迎。习近平主席对这一项目取得的成绩给予了高度评价。2021 年 10 月 25 日，中国企业完成了收购比港港务局 67% 的股权。

中国企业运营比港，不仅为中国的“一带一路”合作倡议在欧洲地中海提供了一个重要的交通枢纽，使“丝绸之路经济带”和“21 世纪海上丝绸之路”以海铁联运的形式在欧洲地中海沿岸实现了交会，同时也为当地提供了可观的经济收入，缓解了当地的经济困难形势，方便了欧洲和亚洲之间的海运业务，影响深远。

二、案例评析

中国企业收购希腊最大港口比港是一次成功的海外收购案，也是一次国际有名的港口私有化成功案例。这次收购的直接效果是将比港从欧洲债务危机中救出，使其"起死回生"，重新恢复到正常的运营状态。同时，比港的发展与收益不仅为该企业创造了大量利润，同时赢得了希腊政府对中国企业的肯定，赢得了国际上的良好口碑，并且造福了当地的社会和百姓。比港也有助于"一带一路"合作倡议的更好发展，为"一带一路"在地中海地区建立了一个重要的交通枢纽。

本次收购几乎没有遇到太大的内部阻力。比港的所有方希腊政府没有在中国企业的收购中持负面态度，反而是十分支持中国企业在希腊的投资建设，这就在很大程度上扫清了收购的障碍。收购所遇到的阻力大多是来自外部的，其中最主要的就是萧条的国际经济形势。中远海运集团第一次进入比港的运营是 2008 年，而当年就爆发了国际金融危机。而后 2009 年又从希腊开始爆发了欧洲债务危机，这对希腊以及整个欧盟国家都造成了巨大的影响。经济形势的衰退直接表现在航运业上，几乎欧洲所有主要港口的吞吐量和收益都受到冲击。在这样的外在环境下，中国企业接手比港的开发可以说是顶着巨大的压力。而衡量此次收购是否取得实质上成功的首要的标准就是其能否带领比港从萧条的经济形势中走出来。最终，中国企业不负众望，很快就将比港恢复到正常的运营状态，逐步走向盈利，重新焕发出生机与活力。

比港自身独特的区位地理优势决定了其有广阔的开发和发展空间，"一带一路"合作倡议也为未来中国企业进一步开发比港提供了历史机遇，比港的开发可以更加深入。首先，进一步扩大业务范围。伴随着世界经济的复苏与发展，下一步可以进一步扩展比港的业务范围，如经过中国企业的建设，比港已经形成了集装箱码头、邮轮码头、渡轮码头、汽车码头、物流仓储、修船造船六大业务板块，下一步可以深化现有的业务板块建设，适当拓展其他的业务板块。其次，拓展服务覆盖范围。自身独特的地理区位优势意味着比港可以深度拓展服务范围，将覆盖范围从地中海沿岸以陆运和海运相结合的方式向欧洲和亚洲内陆进行扩展。最后，充分融入“一带一路”合作倡议。伴随“一带一路”合作倡议的进一步深化和建设，作为重要交通枢纽的比港也将被赋予更重要的使命。

三、成败反思

收购比港是一次非常成功的案例，其中有很多的成功经验值得总结，这对中国企业在海外开发交通运输和基础设施建设等领域都具有重要的启发意义。特别是在国际经济形势并不明朗的情况下能够主动发掘这一具有多重效益的项目，经验十分宝贵。

第一，长远的投资视角。在中国企业刚接手比港的时候，由于当时经济形势的影响，特别是希腊处于欧洲债务危机的风暴中心，世界上很多国家的企业都极其不看好在希腊投资，哪怕是在整个地中海地区具有极大影响力的比港。并且，当时的比港自身也处于管理松懈、设备设施老旧的落后处境下，难以吸引外来的投资。但从长远的角度来说，经济危机是暂时的，危机后的经济复苏是大趋势，而复苏时的比港则会具有很强的竞争力。比港自身独特的地理区位优势也决定了其衰落只是暂时的，中国企业就看中了这一点，所以其收购并没有付出过多的成本，但是取得了多重的效益。

第二，抓住战略机遇。比港的发展和中国“一带一路”合作倡议的提出是分不开的。“一带一路”的建设产生了大量的中国和欧洲之间的货物运输需求，而比港作为“一带”和“一路”的交汇点之一，在“一带一路”合作倡议的规划中自然扮演着重要的角色。也正是如此，比港有极大的发展潜力，中远海运集团成功抓住了这样的机遇。

第三，注重社会效益。一些西方发达国家在海外投资项目时，往往只顾自身的利益，全然不顾当地的社会效益，留下诸如环境破坏、垃圾和污染等一系列问题。中国企业在海外建设投资中的一大亮点就是不仅注重自身收益，同时还注重当地的社会效益。正是这样的责任心为中国企业树立了良好的形象，赢得了当地民众的信任。例如，比港的建设，中国企业在自身获得收益的同时，也主动为当地做贡献，提供了大量的就业岗位，贡献了社会收益，帮助当地极大地改善了经济环境。

第八节　与联合国贸发会共建消费者争议多边协调平台案

案例类型：多边国际组织合作类

一、案情提要

近年来，一大批在线跨境贸易平台崛起，使数以亿计的消费者在跨境电子商务活动中获得便捷和实惠。与跨境电子商务活动高速增长相对应的是跨境电子商务纠纷的增加。为解决跨境电商这类跨境贸易新业态所面临的问题，2019 年 7 月，中国丝路集团（以下简称丝路集团）和联合国贸易和发展会议（以下简称联合国贸发会）于 2019 年共同发起倡议并推进搭建消费者争议多边协调平台 DODR（Digital Trading Infrastructure & Online Dispute Resolution，DODR）项目。该项目将区块链、人工智能等新一代信息技术应用其中，致力于建立面向消费者的公益型争议解决平台，推动向世界各国消费者提供公平、有效、公正、透明、安全的争议解决方式。

根据约定，项目由合作双方协作分工共同推进：由联合国贸发会提供法律和政策支持并面向全球推广，由丝路集团提供技术支持，应用区块链模式，研发符合联合国消费者保护准则的低成本、快捷、有效、公正、透明、安全的在线争议解决平台。

DODR 项目是一个面向消费者的公益型争议解决平台，以印度尼西亚、泰国等受益国为试点，进而推动向世界各国消费者提供低成本、快捷、有效、公正、透明、安全的争议解决方式。DODR 的首要目标是保护全球范围内跨境电商消费者权益；在不违反首要目标的前提下，第二目标是大幅降低电子商务发展成熟的国家和地区的消费者维权成本，提升电子商务刚起步国家和地区的消费者参与电子商务的信心，减少非关税壁垒，帮助发展中国家和地区打开通向全球消费者的大门，创造更多商业和就业机会；在不违反首要目标和第二目标的前提下，DODR 致力于推动各成员国进一步升级数字基础设施、开发国际市场，进一步推动全球电子商务发展。

DODR 向全球跨境贸易电商及相关机构和个人提供数字贸易基础设施底层基础设施，允许电商交易系统、支付清算系统、国际法律师系统、国际仲裁机构系统、国际物联网系统、保险等接入许可链，以便向全球消费者提供便利、低廉、及时的在线争议解决服务（见图 5 -1）。

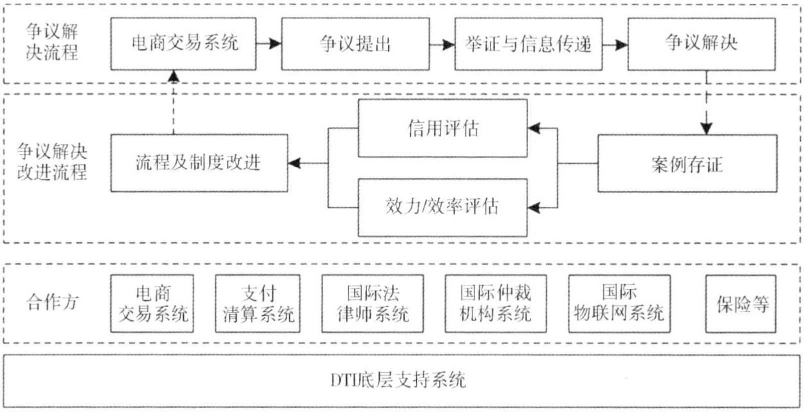

图 5 -1　DODR 项目框架

DODR 遵循在线争议解决的仲裁逻辑，引入可信的信息技术，向全球跨境电商相关企业提供许可链，并提供相应接口、开发说明、数据上链要求；DODR 以人工智能技术应用为主，专业仲裁及法律人士为辅，通过自然语言等向全球跨境电子商务消费者及企业提供仲裁服务。

DODR 符合去中心化的思想，通过来自许可链上的参与者，共同接受一个相同的共识机制，利用大多数人的共同决策来进行争议判决。

DODR 通过效仿判例法系中的陪审团制度，结合区块链、加密算法、智能随机算法、信用评级、案件追踪等技术，创造一个在线纠纷化解机制。

DODR 对陪审员设置了细致的分类，包括性别、年龄、国籍、语言、职业、学历等，配合智能随机算法，保证纠纷仲裁时所选取的陪审员来自不同领域，拥有不同背景，以减少偏见。同时，利用信用评级来评估和限制陪审员的行为，陪审员会通过作出合理公平的裁决获得更高的信用等级和回报。相反，多次连续作出错误判断的陪审员将损失信用评级，到一定程度后将无法继续参与仲裁。

DODR 系统对陪审员参与的仲裁案建立关系属性，以减少同类型陪审员共同参与案件的数量，保证陪审员的多元化，提高仲裁的公平性。

参与仲裁的双方在仲裁中可以拥有更多的自主权，例如设定陪审员的数量，获胜所需要的投票数量，和双方所需要的陪审员类别。裁决结果公开透明，陪审员类型、投票结果、投票理由等都会在判决结束后对所有人公开。在判决结束后，案件的详细内容和投票结果会加密保存，DODR 对案件进行归类索引，在确保隐私的前提下可供后续查阅。如仲裁中有一方对仲裁结果不满意，可在规定时间内再次发起仲裁。

经验表明，80% 的跨境电商纠纷案可以通过全自动化方式解决，通过设置自动规则，实现自动信息传递，进而自动解决纠纷；18% 的案件可以通过简易人工方式解决，由具备基本法律知识的人按标准规则参与处理，这种情况对办理人的素养要求不高；2% 的案件需要由专业人士处理，即由专业仲裁或相关法律专家处理，并形成新的规则。

DODR 将运用多种信息技术来推动解决尽可能多的消费争议，提高争议解决效率。例如，链接各类替代争议解决机构及现有在线争议解决平台，为用户提供各种 ADR 机构的免费查询和对接服务；通过各种人工智能和自动化工具实现流程加速；通过 VR、自然语言、机器翻译等先进工具降低信息沟通门槛和成本；通过大数据对消费者具体需求进行深入分析，为消费者提供量身定制的跨境电商消费争议解决的完整服务；同时也为从事电商的贸易商、电商平台、服务机构等提供评级、资质、咨询、金融、市场穿透、设施建设等配套程序（见图 5－2）。

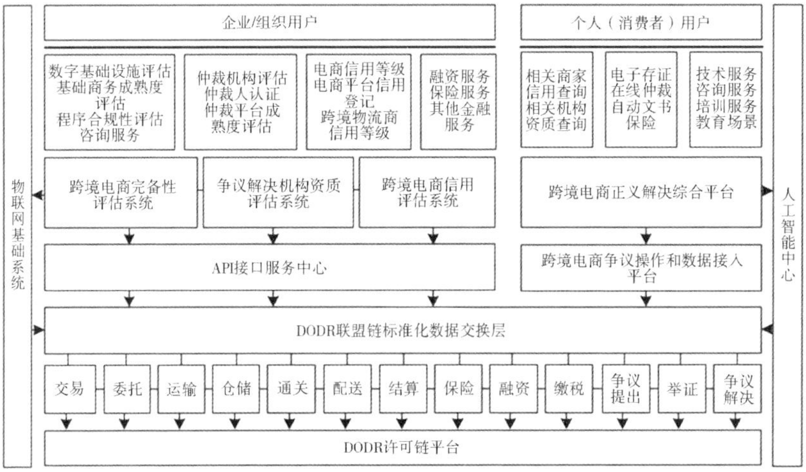

图 5－2 DODR 技术架构

二、案例评析

利用数字基础设施搭建的在线争议解决平台是一个全新的探索，该项目具有全球范围内推广的价值，但在项目全球推广时也必须经过严密的论证和体系化的建设，在此过程中需要注意以下六个方面。

一是要制定 DODR 项目规划方案，验证区块链解决方案的可行性。要在全球范围内对各国跨境电商在线争议解决的现状进行调研并形成报告，在调研的基础上对区块链解决方案进行可行性研究，建立一个基于区块链的跨境电商交易信息溯源存证平台（Traceable Evidence Deposit Platform，TEDP），与专家访谈确定该平台与现有的在线争议解决机构应该开放哪些需求和信息接口，对项目的一些设计难点和技术难点进行研究，在研究和论证过程中产出相应数量的学术论文和专利申请。

二是形成区块链解决方案的全球标准。要充分调研全球各国家的具体需求，对共性问题的解决方案形成标准草案，例如，信息交换标准制定，业务环节的特定标准确立（如仲裁、贸易等不同特定业务环节），其他技术标准确定。目标成果是形成《联合国贸发会议基于区块链的在线争议解决方案实施标准》。

三是要在全球范围内对各个国家关于 DODR 项目进行培训和教育，在全球展开商务项目合作。其中包括设定模拟场景、制作培训用的课件和讲义、对培训师进行培训。目标成果是在全球范围内，有 50% 以上参与培训的跨境电商所在国家愿意开始按照联合国贸发会议方案，在本国推动跨境电商业务在 TEDP 平台上进行。

四是为对有兴趣实施的国家提供咨询。应对潜在受益国实施深度调研，对国家级贸易链实施咨询。目标成果应当是 20% 以上参与培训的跨境电商所在国家愿意联合国派组进驻实施咨询。

五是对实施的国家提供特别培训、代建服务、维护指导服务等，包括实施培训、提供实施服务。目标成果是 10% 以上的跨境电商所在国家能够真正实施的。

六是在上述所有扎实工作的基础上，进行全球连通实施。联通所有不同国家、不同法律体系、不同贸易习惯的应用层，建立共识机制，实现数据分享。目标成果是初步形成全球贸易数据链。

通过项日的实施，DODR 将使各受益国的消费者、所在国电商企业、技术合作方、投资者、地区国家政府以及跨境电商行业等多方参与者获得巨大的潜在收益。

在消费者方面，大幅提升了争议解决效率，提升了消费者对跨境电商的信心。DODR 向消费者提供方便快捷的争议处理，有超过 80% 的争议将会被即时解决；DODR 向消费者所提供的争议解决方案，免费或接近免费，超过 80% 的争议解决无须支付额外费用；DODR 手续简单，不受语言、地域、风俗限制，超过 80% 的争议无须与人交流即可解决。

在电子商务企业方面，联合国贸发会议为 DODR 中电子商务参与企业提供“Trust Mark”信用认证，以提升跨境电商消费者信心，有助于使新进入市场的电商企业免去初期信用建设的成本。该项目尤其有利于中小型跨境电商企业获得商誉，提升品牌知名度。

对于数字技术开发企业来说，DODR 的实施可向技术合作方提供多样的应用场景和巨大的用户数量，使技术合作方能够抢占相关技术应用市场，有机会参与技术标准设定，以及发现和其他技术集成使用的可能性。

对于项目的投资者来说，DODR 具有灵活的商业模式，兼顾公益和商业运营，向投资者提供前沿数字技术投资机会，以及独占性的资源。投资者有机会直接面向海量的国际市场，尤其是某些高成长性新业务，并获得多种增长途径的可能性。

对所在区域国家的政府和企业来说，DODR 作为“一带一路”标志性国际合作项目，是打造“一带一路”数字经济核心示范区的重要组成部分。DODR 将汇集国际电子商务支付节点，汇聚前沿数字科技应用发展项目，聚合国际电子商务生态圈，将为全球众多国家和地区的发展带来机遇。

对全球跨境电商行业来说，DODR 有望打通与国际公约组织以及世界各国电商相关的政府间政策、法律、监管等交流渠道，使更多组织方便地参与制定国际性商业贸易新业态的关键规则。

三、成败反思

DODR 是一个开放性极强的项目，允许电商交易系统、支付清算系统、国际法律师系统、国际仲裁机构系统、保险系统、国际物联网系统等接入，DODR 项目通过链接各类支持区块链、人工智能等技术的应用，可以打造一个共生的商业生态，对受益国的跨境电子商务大有裨益。同时，DODR 项目所使用的底层区块链、人工智能等技术也向全球其他领域的商业用户开放使用，商业用户可以使用其底层技术便捷地创建应用。为了使这个商业系统更高效可信，丝路集团将大范围使用新一代的信息技术，综合利用区块链、人工智能、云计算、大数据、物联网等，将跨境电子商务向智能商务推进。相关国家应该就消费者在线纠纷解决的交流合作达成共识，一方面建立适合本国的消费者救济制度体系；另一方面积极协调国家与国家之间跨境消费者纠纷解决法律，助力跨境贸易发展。

后　记

自2013年习近平主席首次提出“一带一路”倡议以来，至今已经过去了十年。在这十年的时间里，中国不断地加强对外开放，积极向各国倡导和推进“一带一路”倡议，致力于建设更加开放、包容、合作、共享的世界。这一伟大的构想已经成为中国对外开放和中国式现代化建设的重要战略之一。

“一带一路”倡议在经历了第一个五年和第二个五年后，正在步入第三个五年，正在进入数字与绿色丝绸之路新时代。在“一带一路”新阶段，数字经济和绿色经济交织互动，成为全球经济发展的重要引擎；全球化进程加速，各国之间的关系日益紧密。但传统安全威胁仍然存在，例如，国际关系中的冷战思维，领土争端和国家间的切割竞争等问题；非传统安全威胁同样需要我们关注，例如，气候变化、环境污染、恐怖主义、跨国犯罪等问题。此时，建立全域全向多元立体海外利益保护体系是必要的，也是可行的。

建立全域全向多元立体海外利益保护体系将有助于提高我国对全球安全环境的认识，把握海外重大安全风险，及时采取有效措施保护我国公民、机构和企业的海外利益，从而加强海外利益保障能力，同时有助于推进国际合作，加强国际间的互信与互利，促进全球经济的繁荣，推动人类命运共同体建设，并确保安全和发展之间的平衡，更好地实现安全与发展双赢。

建立全域全向多元立体海外利益保护体系是可行的。在全球化和数字化的背景下，中国已经具备一定的海外利益保障能力。例如，中国已经与80多个国家签署了投资协定和避免双重征税协定，与100多个国家签署了引渡协定和司法援助协定等，这些协定为中国的海外投资和业务拓展提供了法律保障。中国在推进数字经济和绿色经济方面也已经有了重要的成果，例如，数字经济的规模已经超过31万亿元，成为中国经济的重要增长点。同时，我国在绿色能源和环境保护方面也取得了重要进展。同时，中国在国际舞台上的影响力和话语权也在不断提升，在国际社会中具有广泛的声誉和支持，为建立全域全向多元立体海外利益保护体系提供了有力的支持。

《"一带一路"新阶段中国海外利益保护》一书，旨在为建立全域全向多元立体的海外利益保护体系提供一些借鉴和思路，是对建设这个海外利益保护体系的探讨，期望与更多的人群分享海外利益保护体系建设的思考和经验。本书从海外利益制度结构、海外利益包含的领域、海外利益涉及对象、海外利益保护体系等多个角度，详细探讨了如何建设完善的海外利益保护体系，并提供了实践指引和应对方案。

在海外利益保护体系的建设中，全域全向多元立体是四个核心要素。全域指涉及的领域非常广泛，包括政治、经济、文化、科技、军事、数据、人身等。全向指涉及的对象非常广泛，包括国家、企业、组织和个人。同时，建立海外利益保护体系还需要考虑多元主体和立体保护。多元主体包括国家机构、政府配合单位、民间组织、国际组织和海外利益承载单位等。而立体保护包括文化软实力、法律保护、情报与风险预判、金融与税务保护、武装力量、安保力量、信息与数据安全、外交与领事保护、国际协作、舆论与宣传等多种手段和措施。

在海外利益保护体系的建设中，还需要遵循总体理念：人类命运共同体；三层机制：事前预防机制、事中应急机制和事后惩戒机制；并坚持八项原则：坚持党的统一领导，提升国家统筹能力，实现人类命运与国家利益的有机结合，遵守联合国宪章与国际法，共商共建共享，促进各国人民合作共赢，走好国际群众路线等。希望通过本书的呈现，能够让更多的人了解到海外利益保护的重要性，更好地保护中资企业、华人和华侨的安全和发展，更好地保护中国海外利益。

本书强调海外利益保护是一个全局性的工作，需要全方位的战略部署和有效的协调。我们强调得到各方参与和支持是至关重要的，这意味着不论是在国内还是海外，国家、企业、组织和个人都需要积极为海外利益保护贡献力量。同时，通过本书的出版和传播，希望能够提高人们对海外利益保护的认识和重视，加强各方间的沟通和合作，为建设一个更加安全、稳定、繁荣、共赢的国际环境作出自己的贡献。

最后，要感谢所有为本书提供支持和帮助的专家学者。特别要感谢中国人民大学法学院副院长张龑老师的成果分享和丝路文化研究院韦园园秘书长的文件整理及文字校对工作。本书能够完成并出版离不开大家的支持和帮助。愿我们共同为中国海外利益保护、中华民族的伟大复兴、中国特色社会主义现代化建设、人类命运共同体构建作出贡献。